だいわ文庫

読み上手、書き上手、話し上手になれる本

齋藤 孝

大和書房

はじめに

仕事柄、私は日常的に大勢の学生や社会人と接している。その中でつくづく感じるのは、「日本語で損をしている人が多いな」ということだ。

たとえばメールの文面がおかしいと、「この人は基礎的な教養が足りないのか」と思ってしまう。あるいは商談でも雑談でも、稚拙な表現しかできなかったり、こちらの言っていることをなかなか理解してもらえなかったりすると、「つきあいにくい人」という印象を持ちやすくなる。こんな経験は、きっと誰にでもあるだろう。

人は日本語で人間性の9割を判断する

もちろん、「日本語力＝人間の総合力」ではない。もしかすると、当人は理数系のきわめて高い教養の持ち主かもしれない。あるいは誰にも真似できないような、特殊な技術で社会に貢献している人かもしれない。

ところがどんなに優れた能力があっても、日本語が不自由だと、周囲の評価も低くなってしまう。日本語力がその人の印象のかなりの部分を決めてしまう、と言っても過言ではないだろう。『人は見た目が9割』（竹内一郎著、新潮新書）という本がベストセラーになったが、私に言わせれば「人は日本語で人間性の9割を判断する」のである。

ならば、外見を磨くのと同じ感覚で日本語力も磨くべきではないか、というのが本書の主旨である。

私たちはふつう、身だしなみに気を配る。大人であれば、それは最低限のマナーでもある。おしゃれを自認する人なら、コーディネートを工夫したり、生地や仕立てにこだわったり、場合によってはエステに通ったりダイエットに励んだりする。その関心と情熱と努力の一部を日本語の鍛錬に振り分けたとしても、バチは当たらないはずだ。むしろ内面から輝き出す（ように周囲から見える）こと、請け合いである。

「国語なら小学校、中学校、高校でさんざん勉強させられた」と思う人もいるだろう。

たしかに学校教育も、基礎をつくるという意味では無駄ではなかった。だが社会で求められる日本語力とは、いささか違う。それは会話の技術であり、メールの技術であり、膨大な文書を要約してコメントをつける技術だったりする。

従来、これらの習得はほとんど〝ＯＪＴ〟に任されていた。だが近年は、「時間をかけて人を育てる」という会社組織が減ったせいか、それだけでは心もとないのが実情だ。だから〝自主トレ〟が欠かせないのである。

試みに、まずは自分の日本語力の〝なさ〟を実感していただきたい。ＩＣレコーダーを用意し、一分間だけフリーハンドで話をした後、それを文字に書き起こしてみるのである。たいてい支離滅裂だったり、文法が無茶苦茶だったり、言うべきことの半分も言えていなかったりする。これは、日本語の技法が身についていない証拠だ。詳しくは本文で述べるが、「書くように話す」ことが重要なのである。

まずは二週間、集中的に取り組む

本書では、いくつもの具体的なトレーニングメニューをちりばめた。もちろん、すべてマスターしていただくのが理想だが、時間的または体力的な制約もあるだろう。ならばとりあえず一つだけを選び、集中的に取り組む形でもよい。それも、「二週間」と期間を区切ることをお勧めしたい。

これはふだん、私が学生に課題を出すときのパターンだ。「卒業までバットを振り続けろ」と言われるとげんなりするが、「二週間だけ意識して振れ」ならがんばれる。そして実際、これぐらい継続してみると、相応の成果や変化が現れるものだ。それを〝はずみ車〟にして、また次の二週間をがんばればいいのである。気がついたときには、かなりの高みに達していよう。

その意味で、本書は「一読すれば終わり」という類《たぐい》の本ではない。本当の日本語力を身につけるテキストとして、あるいは母語である日本語とのつきあい方を改める啓蒙書として、ぜひ座右の一冊に加えていただきたい。

目次

第Ⅰ部 日本語を基礎から鍛え直す

第1章 日本語の基礎1 語彙力

第2章 日本語の基礎2 要約力

第3章 日本語の基礎3 感情読解力

第Ⅱ部

実践! 日本語の「技」を磨く

第4章 日本語の鍛錬[初級]〜読む力を鍛える

第5章 書く力を鍛える――日本語の鍛錬【初級】

第6章 日本語の鍛錬［中級］ 話す力を鍛える

第7章　日本語の鍛錬［上級］〜聞く力を鍛える

できる大人の日本語の基礎

1 語彙力 —— 024ページ

語彙が少なければ、自分の意図することや感情を的確に伝えることができない。あるいは相手の言葉のニュアンスも汲み取れない。母語としての日本語は、できるだけ多くの言葉を頭に入れておくことが大前提だ。

＋

2 要約力 —— 041ページ

要旨を捉える力は、仕事の基礎能力である。この力を鍛えるのに、センスや地頭は必要ない。訓練したか否かに尽きる。要約する力に長けていれば、周囲から「できる大人」として一目置かれるだろう。

＋

3 感情読解力 —— 063ページ

どんな人でも、主張や発言の裏には感情がある。表面上の言葉だけを追っても、その真意は読み取れないわけだ。大人のコミュニケーションにおいては、その部分を読み取る力が欠かせない。

「技」としての日本語

上級 聞く力 ―― 232ページ

知力を鍛え直すために欠かせないのが、「聞く」という知識を吸収する作業だ。何を「おもしろい」と感じ、「もっと知りたい」と思うか。その原点となるのが、人の話に耳を傾けることだ。

＋

中級 話す力 ―― 191ページ

話す力の土台となるものは、読む力、書く力を鍛えることで蓄えた大人の語彙と要約力である。だが、話す力を鍛えるにはもう一つ重要なことがある。それは時間感覚だ。

＋

初級 読む力 ―― 092ページ

日本語の下半身に相当するのが活字文化であり、すなわち「読む」ことである。したがって、大人の日本語力を上達させるためには、読む練習で語彙力と要約力を鍛えなければならない。

＋

初級 書く力 ―― 146ページ

書くという作業は、読む作業を活用すると、圧倒的にやりやすくなる。このノウハウを駆使して相応の文章が書けるようになれば、どんなものを書く場面においても、さほど困ることはないはずだ。

第Ⅰ部

日本語を基礎から鍛え直す

コミュニケーションの基本は、意味と感情をやりとりすることだ。

親兄弟や夫婦、友人関係などお互いをよく知る間柄であれば、言葉の意味にあまり気を遣う必要はないだろう。感情のベースが出来上がっているから、いい加減な表現をしても意味は通じるのである。

ところが、ビジネス関係など感情のベースがゼロまたは不完全な間柄では、そうはいかない。感情を補うように、意味の的確な伝達が不可欠だ。これがうまくいかなければ、相互に不信感や不安感を募らせることになる。場合によっては、誤解から感情的なわだかまりに発展することもあるだろう。

そうなると、自分の意思を丁寧に伝えようとか、相手の意思を読み取ろうという誠意もなくなる。これでは、いくら言葉を交わしてもコミュニケーションは成立しない。むしろ亀裂が深まるばかりである。

これは性格や相性の問題ではない。ひとえに日本語の基礎力の問題だ。そこで第一部では、その基礎を学び直すことをテーマにした。ポイントは大きく三つある。

第一は、「語彙《ごい》力」だ。そもそも語彙が少なければ、自分の意思や感情を的確に伝えることができない。あるいは相手の言葉のニュアンスも汲み取れない。母語としての日本語の言葉は、できるだけ多く頭に入れることが大前提だ。それも辞書的に知っているだけでは意味がない。文脈の中で使いこなせるようになる必要がある。

第二は、要旨を捉える力、つまり「要約力」だ。これは頭のよし悪しより、訓練したか否かに尽きる。そしてこれさえあれば、たいていの仕事はうまくいく。私自身、要約力をひたすら鍛えてきた結果、速く本が読め、人の話もパッと要約できるようになり、世の中とズレを感じることがなくなった。それほど日常において基本的なワザでありながら、世間的にあまり重要視されていないことが不思議でならない。

そして第三は、「感情読解力」だ。どんな人でも、主張や発言の裏には感情がある。「好き」「嫌い」「本当の望みは○○」といった具合だ。一見難解そうな評論文でさえ、少なからず書き手の感情に支配されている。表面上の言葉だけを追っても、その真意は読み取れないわけだ。大人のコミュニケーションにおいては、その部分を読み取る力が欠かせないのである。

いずれも「基礎」とはいえ、この三つを十分に兼ね備えた人を、少なくとも私はほとんど知らない。「自分は大丈夫」と思っている人も〝おさらい〟のつもりで読み進めれば、きっと驚くような発見があるはずだ。

第1章
日本語の基礎 1

語彙力

博識家の好奇心

先日、やくみつるさんと対談させていただいた。やくさんといえば、漫画家としてもさることながら、たいへんな博識家として有名だ。

もちろんその背景には、人並み外れた〝努力〟がある。とにかく知らない言葉に出合うと、そのままにしておくことが耐えられないらしい。意味を調べたり、繰り返し言ってみたりして、自分のものにしてしまうそうである。また、昔から本も新聞もほとんど音読して内容を頭に入れると語っておられた。

以前、『音読破』（小学館）と銘打った拙著のシリーズをやくさんにプレゼントさせていただいたことがある。有名な文学作品を文字通り誰でも音読できるよう、漢字に総ルビを振ったものだ。取り上げた作品の中には、幸田露伴の『五重塔』もある。するとやくさんはたいそう喜び、その場で音読を始められた。

木理美《もくめうるわ》しき槻胴《けやきどう》、縁《ふち》にはわざと赤樫《あかがし》を用《もち》いたる岩畳作《がんじょうづく》りの長火鉢《ながひばち》に対《むか》いて話《はな》し敵《がたき》もなく唯一人《ただひとり》、少《すこ》しは淋《さび》しそうに坐《すわ》り居《い》る三十前後《さんじゅうぜんご》の女《おんな》、男《おとこ》のように立派《りっぱ》な眉《まゆ》を何日《いつ》掃《はら》いしか剃《そ》ったる痕《あと》の青々《あおあお》と、見《み》る眼《め》も覚《さ》むべき雨後《うご》の山《やま》の色《いろ》をとゞ《ど》めて翠《みどり》の匂《にお》い一《ひと》トしお床《ゆか》しく、鼻筋《はなすじ》つんと通《とお》り眼尻《めじり》キリヽ《り》と上《あが》り、洗《あら》い髪《がみ》をぐる〳〵《ぐる》と酷《むご》く丸《まろ》めて引裂紙《ひっさきがみ》をあしらいに一本簪《いっぽんざし》でぐいと留《と》めを刺《さ》した色気無《いろけなし》の様《さま》はつくれど、憎《にく》いほど烏黒《まっくろ》にて艶《つや》ある髪《かみ》の毛《け》の一《ひと》ト綜二綜《ふさふたふさ》後《おく》れ乱《みだ》れて、浅黒《あさぐろ》いながら渋気《しぶけ》の抜《ぬ》けたる顔《かお》にかゝ《か》れる趣《おもむき》は、年増嫌《としまぎら》いでも褒《ほ》めずには置《お》かれまじき風体《ふうてい》、我《わ》がものならば着《き》せてやりたい好《この》みのあるにと好色漢《しれもの》が随分頼《ずいぶんたの》まれもせぬ詮議《せんぎ》を蔭《かげ》では為《す》べきに、さりとは外見《みえ》を捨《す》てゝ《て》堅義《かたぎ》を自慢《じまん》にした身《み》の装《つく》り方《かた》、柄《がら》の選択《えらみ》こそ野暮《やぼ》ならね高《たか》が二子《ふたこ》の綿入《わたい》れに繻子襟《しゅすえり》かけたを着《き》て何所《どこ》に紅《べに》くさいところもなく、引《ひ》っ掛《か》けたねんねこばかりは往時何《むかしなに》なりしやら疎《あら》い縞《しま》の糸織《いとおり》なれど、此《これ》とて幾度《いくたび》か水《みず》を潜《くぐ》って来《き》た奴《やつ》なるべし。

（幸田露伴作・齋藤孝編『齋藤孝の音読破4　五重塔』小学館）

たしかに幸田露伴が使っている語彙は、現代人には馴染みのないものばかりだ。〝知らない語彙フリーク〟のやくさんにとっては、宝の山だったに違いない。そんな好奇心と昔からの習慣が、あの博識ぶりを支えているわけだ。

語彙が増えれば世界が広がる

考えてみれば、私たちは「語彙を増やす」ということについて、明確な学習目標を立ててこなかった。**語彙は、世界観を表すものでもある。個々人の思想や、社会の現状をどう見ているか、どういう社会を理想としているかによって変わってくる。それが増えるということは、その分だけ多くの視点や概念を持てるということだ。**

たとえばニーチェの語彙がわかれば、その思想も理解できるようになる。世の中をニーチェのフィルターを通して見ることができるようになるわけだ。

その語彙の一つに「ルサンチマン（恨みの感情）」があるが、これは新聞や教科書にはなかなか出てこない。しかし、これをキーワードにして世の中を見ると、民族紛争や戦争の歴史も、あるいは現代社会も、また違った景色になる。そういう視点を持つことが重要なのである。

では、どうすれば語彙は増えるのか。基本は読書、できれば音読が望ましいが、昨今は若者を中心に読書離れが加速している。そこで、まずは日本語の歴史を簡単に振り返りつつ、語彙の意義を問い直してみよう。

書くように話せますか？

作文の作法として、しばしば「話すように書け」というアドバイスを聞くことがある。まっさらな原稿用紙や、真っ白なパソコン画面に向かうと、書き慣れない人は最初から行き詰まってしまう。そういう人でも気楽に書けるようにしようということだろう。

たしかにブログやSNSに登場する日本語は、書き言葉のようでありながら、話し言葉に近い場合が多い。だから気楽に書けるし、読み手にとってもそのほうがおもしろい。読みながらも、書き手の声をイメージできるからだ。

だが、**もっと中身のあるコミュニケーションをしようと思うなら、逆に「書くように話す」というスキルも必要だ。言い換えるなら、書き言葉を訓練することが、話し言葉の密度を上げることにつながる。**多くの活字を読んできたり、あるいは多くの文章を書いてきた人は、原稿を朗読するように話すことができるのである。

もともと話し言葉と書き言葉の関係性に関して、日本語には複雑な歴史がある。歴史的にも両者の間には大きな溝があった。遠く平安時代から江戸時代にかけて、公式文書を男性が書く場合には漢文を使うという、不自然とも言える伝統が受け継がれていた。だから江戸時代の思想家・頼山陽《らいさんよう》の作品などはすべて漢字で書かれていたりする。それも中国語そのものではなく、漢字だけで表現された日本語という、実に奇妙な形態だった。

この背景にあるのは、日本人の男性は漢字を使って書くのが正式であるという〝しきたり〟だ。漢文の訓練を積むことが、日本語の基礎力を高めることにつながっていたのである。たとえば江戸の末期に生まれた夏目漱石や森鷗外の世代は「素読《そどく》時代」

と呼ばれ、漢文のトレーニングを受けて日本語を書いてきた。

だがこれでは、書く文章まで漢文調になってとっつきにくい。そこで、もう少し柔らかい文章にしようという「言文一致運動」が起こり、その一環として登場したのが、三遊亭圓朝《えんちょう》の落語を速記した文章だった。

たしかに落語は話し言葉であり、それを文字にすれば読みやすいし十分におもしろい。これが、その後の「言文一致運動」に与えたインパクトはきわめて大きかった。

その影響を受けた人物の一人が、漱石である。もともと落語が好きでよく聞いていたが、その柔らかい話し言葉を自らの作品にも取り入れた。たしかに、同時代を生きた幸田露伴や樋口一葉が書いたものに比べると、漱石の作品はずっと読みやすい。このあたりで、話し言葉と書き言葉の溝はようやく埋まってきたのである。

漢字を知らなければ豊かな表現もできない

とはいえ、両者の間にはまだ隔たりがある。たとえば新聞記事を読むように話す人がいたとしたら、「この人の話し方はおかしい」と思うはずだ。書き言葉には意味が詰まっている上、漢語も多い。頭の中で即座に漢字変換できない人にとっては、理解しにくくなるわけだ。

私はしばしば講演会などで、聴衆の方に「私の話を音声だけで聞いていますか、仮名だけで聞いていますか、それとも漢字仮名まじり文で聞いていますか」と尋ねることがある。そうすると、ほぼ全員が「漢字仮名まじり文」と答える。**言葉というものは、音声だけでは認識できないのである。**

たとえば、私が**「きゃっかんてきにひょうかすることがじゅうようです」**と話したとき、即座に「客観的」「評価」「重要」という漢字が頭に思い浮かばなければ、意味は通じない。これらの漢字を知らない小学生にとっては、理解不能なのである。

特に日本語の場合、同音異義語がきわめて多い。「こうぎをする」と言っても、大学の「講義」なのか「抗議」なのかは、前後の文脈から聞き取ることになる。その際も、それぞれの漢字を知っているから判断できるのである。

こういう素地がなければ密度の高い会話は不可能であり、それには書き言葉の訓練が欠かせない。

逆に言えば、書き言葉の訓練をしていない人の話し言葉は、漢字変換がさほど必要ないということでもある。渋谷の街頭を歩く中高生の話し方を聞くともなしに聞いていると、たいていこの類だ。

語彙力の訓練で言葉のパス力を高める

もちろん日常的な雑談で、しかもお互いに通じ合っているなら、それでも十分かもしれない。しかし、一定時間内にできるだけ多くの意味内容を共有し合えるようなコミュニケーションを目指すとすれば、あまりにも心もとない。お互いに書き言葉の能力を高めることが大前提である。

ビジネスにおいて、すぐに取引相手が待っているとか、会議の開始時間が迫っているといった状況下で、ただちに重要な情報を伝達して共有する必要に迫られることがある。そういうとき、要領を得ない話し方しかできなければ、その場にいる資格がないと言われても仕方ない。こういう現場を難なくクリアしてこそ、一人前のビジネスパーソンと言えるのである。

これはサッカーで言えば、基本中の基本であるパス回しのようなものだ。ボールを

蹴ることなら誰でもできるが、試合で使えるレベルになるには相応の訓練が必要だ。

スペインリーグの名門FCバルセロナには、「ロンド」と呼ばれる練習方法がある。選手が輪をつくってボールを回すのだが、その輪の中には、パスを邪魔するためだけに存在する〝敵選手〟も入る。それを避けながら、うまくパスを出していくわけだ。

この練習が、単なるパス練習よりずっと高度で実戦的であることは容易に想像がつくだろう。FCバルセロナでは、これをトップチームはもちろん、下部組織である小学生のチームにも課している。世界屈指の強さを誇る理由の一端は、ここにある。

日本語についても同様だ。コミュニケーションは、いつも友人同士で気楽に雑談できるような場面ばかりとは限らない。むしろ社会人になれば、時間をはじめ、組織人としての責任、相手への気遣いなど、さまざまな制約条件が加わる。その中で、いかにうまく〝パス〟を出すかが求められるわけだ。

それには、書き言葉の訓練によって漢字や熟語の運用能力を高めるしかないのである。

語彙力の個人差は意外に大きい

では、話し言葉と書き言葉の最大の違いは何かと言えば、それは語彙である。誰でも当たり前に共有していると思われがちだが、それは違う。語彙の量、いわゆる語彙力は、個人差がきわめて大きいのである。

そのことは、たとえ同年代でも、日常的に新聞や専門誌を読んでいる人とそうでない人を比較してみれば明らかだ。前者は活字から得た語彙を自然に使えるが、後者はそういうインプットがない分、少ない語彙で賄《まかな》おうとするため、どうしても子どもっぽい話し方になってしまうのである。

だが問題は、それを自覚しにくいことだ。これが英語なら、〝身のほど〟はわかりやすい。たとえば『速読英単語』(Z会)のような定番テキストの場合、「入門編」「必修編」「上級編」があって、段階的に語彙が増えていく仕組みになっている。つまり、使っているテキストによって、自分のマスターしている英単語が三〇〇〇語なのか五〇〇〇語なのか、あるいは八〇〇〇語を超えているのか、だいたいわかるわけだ。

ところが**日本語の場合、自分がどれだけの語彙を持っているのか、数千語なのか一万語を超えているのか、答えられる人は少ないだろう。**慣れ親しんだ母国語という気安さもあって、考えたことすらないかもしれない。これは、誰もが陥りやすい母国語の〝落とし穴〟である。

日本人が日本語を習得するプロセスを振り返ってみると、女子は小学三年生ぐらいで日常的に必要な用語をほぼ身につける。一方男子はやや遅いが、それでも小学六年生になればある程度話せるようになる。そのころの女子は、もう大人とほとんど変わらない。大学生ぐらいとなら、ふつうに会話が成り立つのである。

では、小学六年生をいきなりビジネスの現場に放り込んだとして、会話が成り立つかといえば、それは無理である。なぜなら、使われている語彙を理解できないからだ。

特定の経済理論や経営学やビジネスの仕組みがわからないのではなく、そこで飛び交っている言葉に馴染みがない。だから、そもそも脳内で漢字に変換することも、考えることもできないのである。

若者の「語彙離れ」は深刻

もちろん、幼児のころから難しい語彙を身につける必要はない。しかし、人には語彙を身につけるべき時期というものがある。

かつては、それが大学時代だった。とりわけ優良なテキストは新聞と新書だ。一人暮らしでも新聞の定期購読は当たり前だったし、岩波新書や中公新書、講談社現代新書などで多くの学問のエッセンスを学んだ。これらを通じて、大人としての書き言葉を身につけていったのである。

ところが今は、こういうプロセスを経ない学生が多い。**新聞どころか、本も大して読まずに卒業してしまうことがザラにある。だとすれば、まとめて語彙を仕入れる機会にも恵まれないわけだ。**彼らがそのまま社会に出ても、活躍の場は限られるだろう。

実はこれこそが、これからの日本の最大の懸念材料ではないだろうか。

近年、「活字文化の衰退」がよく取り沙汰される。だがこれは、新聞社や出版社の経営問題として矮小《わいしょう》化されるべきではない。

「新聞なんか読まなくても、テレビやネットのニュースで見ればいいじゃないか」と考える人もいるかもしれないが、ニュースを理解するには、そこで使われている語彙を知っていることが前提になる。

語彙がわからなければ理解もできない。それも、馴染みのない言語で話されているのなら最初から諦めもつくが、慣れ親しんだはずの日本語なのに意味がわからないから、余計にイライラする。その結果、ニュース番組自体も見なくなるのがオチである。世事からも語彙からも、ますます遠ざかってしまうわけだ。

まして昨今の大学生は、入学当初から精神年齢が幼い。私の感覚で言えば、三〇年前より二歳は幼い。ちょうど高校二年生が大学に入ってくるようなものである。

一方、卒業する彼らを受け入れる企業側は、当然ながら幼い学生を求めていない。以前なら自社でじっくり育てようと鷹揚《おうよう》に構える企業もあったが、昨今は軒並みそんな余裕を失っているように見える。彼らが求める人材は、できるだけ即戦力となり、教育の手間がかからない者だ。

この両者の凄まじいギャップを埋めるべく奮闘しているのが、現在の大学の姿である。できることなら、各自がそれぞれ興味の赴くままに本を読み、自然に語彙力を身につけてもらいたい。大学は本来、人生においてそういうことができる貴重な時空間である。

だが今では、学生たちは放っておくと何もせずに卒業してしまう。それでは就職もままならない。だから大学としては、彼らを手取り足取り指導するような、細かな教育プログラムをつくることが至上命題になっているのである。

付け焼き刃の言葉では本音を語れない

それはともかく、当の大学生も、就職活動となると急に大人びた言葉を話すようになる。さすがに面接で幼稚な話し方をするのはまずいと気づき、にわかにマニュアル本などに頼って語彙を習得しようと試みるのである。

だが、**付け焼き刃で得た言葉というものは、口に出しても浮くだけだ。**

「御社の方針を勉強させていただきました」などと台本を丸暗記したような言い回しでは、本心は見えてこない。かえって薄っぺらで形式的な印象しか残らないため、評価を落としてしまうのである。

会社の人事部の方に話を伺うと、学生から聞きたいのは「本音」であるという。面接で見定めているのは、その人物が仕事に耐えられるか、組織の一員として一緒にやっていけるのかということだ。それには、形式的な話ばかりしていても仕方がない。だから、極力本音が出るような聞き方をしているそうである。

では、会社が求める本音とは何かと言えば、少なくともふだんの友人同士の雑談で飛び交うような話ではない。仮にそれを本音だと考えているとすれば、面接で確実に落とされるだろう。志望する会社やその業界のことをできる限り調べた上で、自分がそこでどんな貢献ができるのかを述べることが本音なのである。

もちろん採用する会社側も、新卒がただちに貢献してくれるとは思っていない。だが、彼らのこんな本音を聞くことで、意欲や適性を判断しているのである。

事象から「意味」を取り出す

だとすれば、ここで求められるのは単なるコミュニケーション力だけではない。志望する会社がどういう状況にあり、どんな人材を求め、それに対して自分に何ができるのかを冷静に分析する力である。

同時に欠かせないのが、それをアピールする日本語力だ。難しげな漢熟語を並べて大人ぶることではなく、自分の意思を表現するために適切な言葉を運用する力である。

たとえば、自分に何らかの経験があるとする。それを自己アピールの材料として使おうと考えるなら、重要なのはその「意味」を伝えることだ。

大学でいくらダンスに打ち込んできたとしても、ダンスそのものが仕事に役立つことはまずない。その経験を通じて、逆境を乗り越えたとか、世代や環境の違う人と交流して価値観が変わったといったことを、言語的に説明することが欠かせないのである。

サークル活動をしていたとか、教育実習に参加したとか、海外に短期留学していたといった経験を語る者は多い。だが、それに付随する言葉が「おもしろかったです」「ためになりました」「いい経験ができました」というレベルでは、何も伝えていないに等しい。

それらの経験からどういう意味を学び得たのか、何を摑んだのか、それが今の自分や今後の仕事にどう活かせるのかを語ることができて初めて評価されるのである。

そもそも**事象や経験というものは、非言語的な分野である。それを「意味」として取り出すには、言語化の能力が欠かせない。これさえあれば、相手が誰であっても、また何人にでも意図を伝えることができる。**適切に翻訳できるとすれば、国籍や民族の違いも飛び越えて伝えられるのである。言語は通貨のように国ごとに違うが、経験から取り出される「意味」は〝共通通貨〟になり得るわけだ。

昨今はあらゆる業界で「グローバル化だ」「国際競争だ」といった声が喧《かまびす》しい。では、世界を相手に仕事をするために何が必要かと言えば、まずは母国語で「意味」を取り出し、語れる能力である。

その価値は、外国語を流暢《りゅうちょう》に話せる能力より高い。それを可能にするのが、臨機応変に的確な言葉を取り出せる語彙の海なのである。

第2章

日本語の基礎 2

要約力

コミュニケーション能力は訓練で習得できる

どうも職場の雰囲気がよくない。どうにかならないか――企業の方々からこんな相談を受ける機会が、この一〇年で極端に増えた。

特定の〝問題児〟の扱いに困っている、という話ではない。むしろ多くの社員は素直で真面目。しかし、お互いに関係が希薄だから、職場の雰囲気は冷え冷えとしているし、伝えるべきことも伝わっていなかったりする。

要は、コミュニケーション不足の問題だ。

コミュニケーションと言うと、誰でも必要に応じて自然にやっているもの、というイメージがあるかもしれない。あるいはその上手下手は、本人の性格や資質によるとも思われがちだ。

だが、いずれも間違いだ。**コミュニケーションには明らかに「能力」が存在し、それは訓練によって習得できる。性格や資質とは無関係なのである。**

その訓練がどの程度の威力を発揮するかは、たとえば〝温泉卓球〟を想定してみればわかりやすい。

ほとんど経験のない素人と、多少なりとも学生時代に卓球部に所属していた者とでは、フォームも球筋もまるで違う。その場で後者がヒーローになるか厭味《いやみ》な存在になるかは本人しだいだが、「訓練の経験があるな」ということは誰の目から見てもわかるだろう。

同じように、もし中学や高校に「コミュニケーション部」のようなものがあれば、その経験者は明らかにコミュニケーション能力が向上しているはずだ。

だが残念ながら、日本の学校にそういう部活はたぶん存在しない。それどころか、学校教育そのものにおいてさえ、コミュニケーション能力を訓練するカリキュラムは取り立てて組まれてはこなかった。だから、どうすれば鍛えられるかもわからないわけだ。

しばしば「日本人はコミュニケーション下手」と言われるが、これはある意味で仕方のないことかもしれない。

一方、コミュニケーションの重要性は、近年ますます高まっている。

ビジネスにおいても、それが利益に直結することが再認識されている。内外の人間関係を良好に保ち、より早く正確な情報を集め、必要なことを人に伝え、アイデアを出し合い、交渉したり説得したりするのは、すべてコミュニケーションのなせる業だ。

そこで求められる高い能力と現実とのギャップが、冒頭のように企業の方々の焦りにつながっているのだろう。

要約力を鍛えれば「できる人」になれる

では、コミュニケーション能力とは何か。

大雑把に言えば、これには二つある。**一つは、誰とでも場があたたまる雑談ができるということだ。**本題とは関係なくても、話題をさっと見つけてほがらかに話す。基本的には、それだけのことだ。

だが職場内でも、仕事に必要な話しかしないというケースが少なからずあるという。必然的に口数が減るため、その場は静まりかえってしまう。これでは、ますます話しにくくなるだろう。

コミュニケーション能力の高い人は、一つの要件から派生的に三つ程度の話題を見つけることができる。何か具体例を挙げたり、質問をしたり、周辺情報を伝えたりといった具合だ。そこから、次につながる萌芽《ほうが》を見つけているのである。

あるいはフォーマルな要件を伝える場であっても、ついでという感じで「最近飲みに行っていますか」「ちょっといい店を見つけたので、今度どうですか」といった話ぐらいはできる。そこから関係を深めていく手もあるだろう。

プライベートであれフォーマルであれ、要は相手との間にどれだけ多くの〝橋〟を架けられるかということだ。狭い一本橋しかなければ、何かのはずみで〝孤島〟になってしまいかねない。必ず二〜三本を確保しておくことが、人間関係をつくるコミュニケーションの基本である。

そしてもう一つ、**もっと重要で高度なコミュニケーション能力は、話の要点を端的**

に述べること、つまり「要約力」だ。

この大事さは、誰でも認識していることだろう。どんな仕事であれ、相手との意思疎通は欠かせない。加えて、お互いの時間を浪費することも許されない。だから、確実に早く伝えなければならないのである。

たとえばメールにしても、どう返信すればいいかわからない内容が送られてくることがある。それは、相手にどうしてほしいのか、要点が明確になっていないということだ。長い文面を頭から読めばどこかには書いてあるかもしれないが、それには手間も時間もかかる。そんな思いを相手にさせる時点で、そのメールに読む価値はない。そう判断されても仕方ないだろう。

ふだんから要約する能力に長けていれば、間違いなく周囲から「頭がいい人」として一目置かれるだろう。あまり認知されていないが、およそ日常生活における「頭のよさ」は国語の能力と直結しているのである。

いくら学生時代に数学が得意だったとしても、それを日常生活で披露できる場面はあまりない。まして物理や生物であれば、もっと周囲にはわかりづらいだろう。もう少し実用的なイメージのある英語でさえ、日常的に使う機会がなければ能力を発揮できない。その中で唯一、鍛えれば鍛えただけの成果をただちに発揮できる教科が、国語なのである。

要約力を高めると誤解が少なくなる

それは、本人のためだけではない。

要約力のある人は、要点を端的に伝えることができる。つまり、意思疎通で誤解が少なくなるわけだ。これは時刻表通りに発着する電車のようなもので、〝利用者〟の利便性はきわめて高い。

たとえば、ある本を読んで単に感想を述べよと言えば、その中身は十人十色になるだろう。それをどれだけ聞いても、本の内容はなかなか伝わらないし、伝わったとしても時間がかかる。あるいは、感想ではなく要点を説明してもらったとしても、要約力のない人の説明はやはり十人十色になる。聞くだけで骨が折れそうだ。

しかし、要約力のある人の説明なら、ほぼ一色にしかならない。ここに個性や視点は介在しないからだ。だから聞く側は、安心して聞いていられる。

そのストレスのなさは、経験した者なら誰でもわかるだろう。まして、お互いに要約力のある人同士の会話なら、「あ・うん」とまではいかないが、かなり短時間で濃密な情報交換が可能になる。「頭のいい人」に、さらに磨きがかかるわけだ。

その意味で、国語を甘く見てはいけない。「勉強のしようがない」とか「なんとなく解けそう」などと思われがちだが、それは誤解だ。

ここには明らかに鍛錬の方法があり、そのポイントは要約力にある。

それを身につけるか否かによって、一生のコミュニケーションの成否が左右されかねないのである。

要約力を鍛えない日本の教育

職業柄、私は新聞や雑誌の取材を受けることがよくあるが、出来上がった記事を読んで愕然《がくぜん》とすることも、残念ながら少なくない。話したことがほとんど反映されなかったり、逆にまったく話していないことが私の言葉として書かれていたりするからだ。

こんな記事になる理由は二つある。

一つは記者が自らの主張を補強すべく、識者的な人間の声を都合よく利用するためだ。実際、世に出る前に私の発言部分だけでもチェックさせてくれればいいものを、それを拒否する記者もいる。時間の都合などもあるだろうが、取材者の姿勢として首を傾げざるを得ない。

もう一つは、これほどの〝悪意〟はないにせよ、記者に要約力が欠けているケースだ。これは実に多く、むしろ抜群の要約力を発揮してくれる人は少ない。〝文筆のプロ〟と呼ばれる人々でさえこの調子だから、いかに日本人の要約力が不足しているかは推して知るべしである。

繰り返しになるが、**これは日本の教育のせいでもある。問題は、国語教育にとどまらない。むしろ高校までの勉強のほとんどは、本来なら要約力を身につけるいい機会になるはずなのである。**

たとえば歴史の試験にしても、年号や固有名詞を問う問題は、要約力をまったく必要としない。しかし、「日本はなぜ太平洋戦争に突入したのか」「産業革命が世界にもたらした影響はどのようなものか」「社会主義思想はどのように生まれ、どのように世界を変えたか」といった問いなら、いずれも事態があまりにも複雑なため、必然的に要約力が鍛えられるはずだ。それに、これらの問いに答えられるようになることこそ、歴史を学ぶ意義そのものである。

だが実際には、多くの生徒・学生は論述問題に端的に答えられないまま卒業してしまう。それは、要約力を鍛える機会が少ないということだ。採点や評価に手間がかかるという学校側の事情もあるのだろう。

そんな中にあって、東京大学の世界史の入試問題はずっと記述式の問題を出し続けている。以前、同大学総長の小宮山宏さん（当時）と対談させていただいた際、私がそのことに触れると、「東大がこれを守らなければ終わりだという覚悟で全力でやっています」とのことだった。たしかに採点には膨大な人員と労力がかかるが、意地と気概で乗り切っているらしい。この多大な努力はもっと評価されていい。

要約力とは本質を摑んで他者に伝える力

理科系の科目にしても、要約力は欠かせない。その極致がアインシュタインの$E=mc^2$である。エネルギーと光の速度と質量の関係を、このシンプルな数式に要約してしまったわけだ。

つまり、**要約力とは、本質を摑んで他者に伝える力ということでもある。**長い文章を伝えることは難しいが、要約されたものなら可能だ。全員が応用可能な形で交換し、共有すれば、さらに新たな発見が期待できる。

やや大げさに言えば、それは文明をつくる作業であり、歴史の一端を担う作業でもある。現代社会において最も重要なのは、情報を交換することだ。文明自体が交換であると言っても過言ではない。

たとえば「漢字」というものがこの世に広がり、漢字文化圏がつくられていく過程で、国の統治ができるようになり、また各国間で意思疎通が図れるようになった。それにより文化の交流が生まれ、互いに一気に発展したのである。

そんな文化・文明の原動力を今日の学校教育が放棄するなどということは、本来あってはならない。この点については、おおいに再考が必要だろう。ただそれはそれとして、すでに学校を卒業して社会人になっている人には、また別のプログラムが必要だ。この点について、もう少し掘り下げて考えてみよう。

要約力に感性も才能も必要ない

あらかじめ断っておくが、**要約力を身につけることと、才能や資質はいっさい関係がない。要約力ほど才能を必要としない力はない、と言ってもいいほどだ。**

そのことは、小さい子どもを見れば明らかだ。彼ら・彼女らの話は、とにかく長い。しかも感情の赴くままに話すから、なかなか要領を得ない。つまり、生まれつき要約力のある子はいないのである。

私の子どもも小さいころ、ちばてつやの漫画を読んですっかり感化されたらしく、そのあらすじを延々と話し出したことがある。かけた時間はおよそ三〇分。「話したい」という欲求は旺盛だが、残念ながら「要約して伝えよう」という意識はない。子ども時代なら話したいだけ全部話すのもいい。しかし大人になると要約力が求められる。

あるいは私の知り合いの子どもは、「『ハリー・ポッター』の第何巻の何ページは？」と尋ねると、そのページを暗唱することができる。この子にとっては、聞いてくれる人がいるなら、すべて言いたいのである。しかし「どんな話なの？」とざっくり聞いても、なかなか要領を得ない。

子どもは元来、おもしろい本に出会うと、一つ一つのセリフを記憶するほど没入していく。たしかに『ハリー・ポッター』のおもしろさは原文の細かいところにあるため、あらすじだけ要約して伝えたいという気にはならないだろう。

記憶することと要約することは違う。

後者は、情報の塊の中から言葉を選択し、取りまとめて編集し直し、意味だけを取り出す作業である。その観点で言えば、要約は文学作品には馴染まないかもしれない。文学作品は芸術であり、解釈が一つに定まらない典型的なものだからだ。『ユリシーズ』で知られるジェイムズ・ジョイスのように、むしろ多様な表現で読者を惑わせるような書き方をする作家もいる。それを無理に要約しようとするのは、無粋でしかない。

だが、意味が一義的に決まるような文章なら、要約に価値が生まれる。それができるようになるためには、相応の訓練が必要だ。

アウトプットするから真剣になる

私は大学の授業で、何らかの文章をテキストにして「この中身について、それぞれ一分間でプレゼンしよう」といった課題を出すことがよくある。

実はこれだけでも、要約力の強力な鍛錬になる。

学生たちは、人前で発表する前提で読むからだ。単に「読んでおくように」と指示しただけだとしたら、真剣には読まないかもしれない。だが、**アウトプットしなければならないとなると、必然的に真剣になる。**何がポイントなのか考えながら目を通す。そのプロセスで鍛えられるわけだ。

だから私は講演会などでも、しばしば冒頭に「これから話すことを、後で誰かに要約して話してもらいます」と宣言することがある。そうすると、とたんに聴衆の方々は真剣に聞いてくれるのである。

これは授業や講演に限った話ではない。**要約をするという意思、要約しなければいけないというミッションがあるから、初めてインプットが濃くなるのである。**読んだ本がなかなか記憶に残らないという人は多いが、それは要約をアウトプットするという要請を受けていないからだ。

記憶に残したいなら、周囲の誰かに内容を話すとか、書評を書いてブログなどにアップするといった自主的な工夫をしてみるといいかもしれない。こういうアウトプットをすることで、記憶は定着していくのである。

大事なことから先に言え

もっとも、これだけでただちに要約力が身につくわけではない。先の学生たちも、当初は三〇秒ぐらいで話が尽きてしまったり、逆に前置きだけで時間をオーバーしたりすることが多い。だがこれは、単に慣れとテクニックの問題だ。私が彼らに送るアドバイスは、大きく二つある。

一つは、「大事なことから先に言え」だ。概して日本人は、大事なことを後回しにする癖がある。ごちそうを最後まで取っておくようなものだが、時間が限られている以上、下手をすると食べられなくなる恐れがある。ならば最初に手をつけよ、というわけだ。

もう一つは、「ポイントを三つに絞り、最初にそれを提示せよ」だ。大事なことを三つも話せれば十分だ。それぞれ一五秒ずつ割り振るとすると、話す内容も相応に抜粋せざるを得なくなる。

しかも最初に「ポイントは三つあります。○○と○○と○○です」と話すことができれば、「ずいぶん整理されている（＝頭がいい）」という印象を与えることができる。これはビジネス現場におけるプレゼンの常套手段だろう。

こういうノウハウを踏まえた上で、何度も繰り返していると、不慣れだった学生たちもしだいにビシッと話せるようになるのである。

以上のような訓練なら、個人でもできるだろう。要約する機会を自ら設定していくわけだ。たとえば読書にしても、その内容を後で人に話そうと思って読めば、自然に要約力が身についてくる。映画や講演会、あるいは自分が見聞きしたあらゆることも同様だ。

私の場合、これが職業的な習慣として身についている。テレビを見ていても、このネタを学生に話してみようとか、次の著作で紹介しようと思うことがよくある。おかげで要約力が自然に鍛えられているわけだ。

だが一般的に、こういうことを日常的な課題にしている人はほとんどいないだろう。
そこでまず、意識してできることから始める必要がある。たとえば、**仕事で人と話すとき、「端的に言うと」「要するに」という言葉を冒頭に使う癖をつけてみてはいかがだろう。そうすると、少なくとも端的に話そうという気にはなるはずだ。**

とりあえず目指すべきは、一つの新聞記事の中身を誰かに伝えられるようになることだ。それも見出しのようにワンセンテンスで表現したり、もう少し要旨や背景について言及したり、あるいは詳細まで語ったり、状況や相手に合わせて伸縮自在に操る。ここまでできれば、周囲から「要約力のある人」として一目置かれるだろう。

要約力で「野性」を取り戻そう

ただし、ここで満足してはいけない。私は最近、若い人を見ていて「野性味が足りないな」と思うことが多々ある。

それは筋骨隆々の身体になれとか、世界の秘境を旅してほしいといった意味ではない。**野性味とは、本質を端的に取り出し、即座に次の行動に移る能力を指す。**特にビジネスの世界において、こんな能力は必須と言えるだろう。

実際、起業家や創業社長と呼ばれる人は、ほぼ一様に野性味に溢れている。何かをパッと見た瞬間に本質だけを取り出し、そこに商機を見出したりする。この部分が、ふつうの人には足りないのである。

これも、ある意味では究極の要約力だ。

だが野生的かつ高度であるため、いわゆる学校教育的な要約力とはいささか違う。問題文の意図を摑むとか、長い論説の中身を簡潔に表現するといった要約力は、練習において積み上げることができる。これはいわば官僚的な要約力で、重要であることは間違いない。

だが、**政治家的または経営者的な要約力というものも、別次元で存在する。それは、勝負ごとにおける決断を迫られた人間が必然的に身につける能力だ。あるいは組織に対して責任を持つ、優れたリーダーの条件とも言える。**

自分の意思決定にとって必要なものが何かをわかっているから、即座の取捨選択が可能になる。したがって情報収集に無駄な時間がかからないのである。

もちろん、こういう能力は一朝一夕に身につくものではない。それなりの経験と組織に対する責任感が必要だ。

では政治家でも起業家でもなければ一生習得できないかといえば、そんなことはない。間近でそういう人を観察できれば、野性的な勘どころも学ぶことができる。おそらくは、これが最も近道だろう。

では、野性的な人はどういう部下を持ちたがるか。そこにはさまざまな条件があるだろうが、その一つが「要約力のある人」だ。優秀な官僚のように、必要十分な情報を臨機応変に伝えてくれれば、便利なことこの上ない。より短時間で正確な判断が可能になるからだ。

つまり、**「野性的な要約力」を身につけようと思うなら、まず一般的な要約力を身につけることが大前提なのである。**これがスタートラインと言っても過言ではないだろう。

読書でキーワードを抜き出す訓練を

要約力の基礎を身につけようと思うなら、まずは語彙を増やすことだ。新聞、雑誌、本を読むことによって語彙が増えれば、さまざまな文章や会話に対する理解力が増す。そしてもう一つ、キーワードを見つけて要約できるようになる。これが重要なポイントだ。

ただし、要約といっても、すべてを自分の言葉に置き換えてしまうのは危険だ。よく理解しているつもりでも、実は要約の過程で微妙にニュアンスがズレてしまうことはよくある。入試問題でこれをやると、どれほど書き込んでも〇点になる恐れがある。

そんな事態を防ぐ〝ストッパー〟の役割を果たすのが、キーワードだ。

対象の文章からキーワードを三つほど抜き出してつなぎ合わせれば、まず要約文として大きく外すことはない。ハサミでキーワードを切り抜いて紙に貼り、その間を自分の文章で埋めるイメージだ。

読書量が増えると、キーワードを見つける能力を高めることができる。文面にざっと目を通しただけで、書き手がどの言葉に力点を置いているのかが見えてくるようになるのである。私自身、遠い昔の学生時代に、この方法であらゆる科目のテストを乗り切った覚えがある。

この感覚は、洋書を想定すればわかりやすいかもしれない。読み慣れていない人にとっては、一冊渡されたとしても、とてもキーワードを見つけることなどできないだろう。だいたい一ページ目から一文ずつ辞書を片手に訳し始め、途中で飽きて放り出すのが関の山である。まして要約など不可能に違いない。

だが、しだいに読み慣れてくると、だんだん勘どころがわかるようになる。どのパラグラフが重要なのか、その中のどこにキーワードが潜んでいるか、見えてくるのである。

実際にこういう授業を実践しておられたのが、国際政治学者の猪口孝先生だ。さすがに最初はパニックに陥っていた学生たちも、慣れとともに要約までできるようになったそうである。つまり、できるか否かの問題というより、そういう課題に直面するか否かが重要なのである。

新書一冊を二〇分で読む

まして日本語の本であれば、もっとハードルは低いはずだ。**私が学生のみならず多くの方にお勧めしているのは、新書一冊を二〇分で読む訓練をすることだ。さらに、**

その要約を誰かに話すこと。

最初からこういう条件を設定されると、頭から丁寧に読むことは諦めざるを得ない。どこかポイントになる部分を抽出して読んでいくことになる。読める量はせいぜい二〇～三〇ページといったところだろう。

これができると、当然ながら大量の新書を読めるようになる。マグロで言えば〝大トロ〟の部分だけを選んで食べるようなものだから、かけた時間やエネルギーに対するリターンはきわめて大きいはずだ。

しかも、けっして難しい課題ではない。実践してみればわかるが、訓練だと思ってある程度続けていると、比較的簡単に短時間で読みこなせるようになる。それは同時に、要約力が向上したことを意味する。猪口先生の例と同様、こういう課題を課すか否かだけの問題だ。

ちなみに猪口先生の場合、新潟県立大学の学長時代、東京から新潟へ戻る新幹線の中だけで、新書を三冊は読まれたそうである。もし社会人の間に、たとえば通勤時間の片道だけで新書一冊を読み終えるような習慣が定着すれば、日本のビジネスのレベルは格段に上がるだろう。**それは単に、知識の量が増えるためだけではない。大量の**

情報を瞬時に要約するという、あらゆるビジネスシーンに欠かせない要約力が格段に向上するからだ。

まずは一日一冊、二〇分の訓練から始めることをお勧めしたい。

なお、本を短時間で読むと言うと、いわゆる「速読術」を連想される方も多いだろう。これは全ページを写真に撮るように目を通すというもので、マスターするにはかなりの技術と鍛錬が必要だ。

私は、そこまでは要求しない。「まえがき」と「あとがき」を読み、「目次」を見て、重要と思われる部分だけを抽出してふつうのスピードで読む。これで十分である。

第3章

日本語の基礎3

感情読解力

「話が合わない」理由は論理より感情にあり

「この人とはどうも話がかみ合わない」という場面に遭遇することは、誰でも少なからずあるだろう。それは、論理的な考えの違いより、感情的な〝しこり〟が影響している場合が多い。

もともと感情的につながっていれば、論理の違いがあっても、むしろそれをお互いに補い合って接点を見つけていくものだ。逆に感情面のベースができていなかったり対立関係にあったりすると、たとえ同じようなことを言っていても、微細な差異を見つけて相互に認め合おうとしないのである。

その意味では、いくらディベート力を鍛えたとしても、あまり改善は期待できないだろう。ディベートは、感情面のベースがない状態を前提として、議論を戦わせるものである。だから純粋に論理を押し通し、相手の感情を動かすことにはいっさい気を配らない。

だが現実のコミュニケーションにおいて、ディベートのような状況になることはまずない。もともと日本人は、言語に論理以上に感情を込める傾向がある。同じことを言うにしても、相手の感情を害さないような言葉を使う。「これはダメだな」と言いたいところを、「こうすればもっとよくなるよ」と言い換えるといった具合だ。これは、人間関係を維持しようとする意思を示すということでもある。

私たちは、常に相手の感情を読み取ろうとするところがある。話の論理性や必然性より、人間関係での配慮を優先する傾向もある。平たく言えば、話の中身より言い方を大事にするのである。

だから、**厳しい内容であっても、そのままストレートに話す人より、柔らかく言い換える人のほうが好印象になる。逆に言えば、そういうことができない人とは、当然ながら話がかみ合いにくい。**

つまり論理の組み立てもさることながら、その下にある感情のベースをつくり上げる能力がきわめて重要な意味を持つわけだ。

文学作品で「感情を読み取る力」を鍛える

では、どうやって感情のベースをつくっていくか。その大前提は、言うまでもなく相手の感情を読み取ろうと努めることだ。

学生の中にも、非常に明るい性格なのに、少数での会話となるとなかなか深められない者がいる。それはボールを投げるばかりで受け取ろうとしないキャッチボールのようなもので、相手への配慮が足りないからだ。だからお互いの感情が行き来せず、話が広がらないのである。まして押し黙ったまま心を閉ざしたとしたら、場の空気まで悪くしてしまうだろう。

ここで言う**「感情を読み取る力」**とは、**文脈力でもある。人の感情は刻一刻と変化するから、それを逐一読み取っていく必要がある。**相手の機嫌が悪くなったら話題を変えるとか、退屈し始めたらジョークを交えるといった配慮が欠かせない。

その訓練の一環として役立つのが、小説のような文学作品だ。

たとえば私が小学生を対象に読解力のトレーニングを行うとき、何らかの文学作品をテキストにして、「登場人物の感情が変化した場所を探そう」という課題を出すことがある。それがわかれば、文学作品はほぼ読みこなせるからだ。

一般的な授業では、「登場人物はどういう性格か」が課題の中心となることが多いだろう。だが名作と呼ばれる文学作品の中に、登場人物の性格や気質が明らかなものは少ない。むしろそれが明確なものは、作品としてはいま一つだ。

出来のよくないテレビドラマの主人公のように、どんな状況でも感情の変化が少ないキャラクターでは、物語も単調で平板になる。見ていて安心感はあるかもしれないが、リアリティに欠けるのである。

その点、**名作と呼ばれるものは、登場人物が落ち込んだり浮ついたり、気持ちを揺るがせたりするものだ。そういう微妙な感情表現に、読者は共感したり魅力を感じたりするのである。**

だから、感情が変化するポイントを見極める練習をすることに価値がある。そこには何らかの理由があり、場合によっては登場人物自身すら気づいていないこともある。

それを読み取ることが、文学作品の読解のポイントであり、また醍醐味でもある。

その訓練を積むことが、実際の人間関係において、相手の感情の「機微」を読み取ることにもつながるのである。

言葉の端々に表れる感情を意識する

そもそも文科系の学生が鍛えるべきは、小説などの感情理解力だ。

理科系の場合は論理的な理解力や表現力が求められるが、文科系なら感情の機微などが手に取るようにわかることが必須である。文科系でそれができないとなると、もはや文科系とは呼べない。単に「数学のできない理科系の人」である。

感情を読み取る力について、おおいに見習うべきなのが犬である。

彼らは本能的な能力として、人間の感情を読み取れる。主人が上機嫌であれば同じく上機嫌に振る舞うし、不機嫌であれば近づかないとか、落ち込んでいればペロペロなめて慰めるといった行動をとる。そんな力があるからこそ、犬は〝人間の友〟として愛され続けてきたのである。

考えてみれば、犬と人間は共通の言語を持っているわけではない。それでも感情を読み取れるのは、そこに身体表現があるからだ。攻撃の意思はないとか、対立より融和を求めているということは、お互いの表情でやりとりできる。

これは犬と人間に限らず、言語の異なる人間同士、あるいは地球人と宇宙人とのコミュニケーションにおいても欠かせない能力だろう。だから、鍛えなければならないのである。

ところが日本人同士となると、言葉が通じるため、かえって感情部分を抜き去ってもコミュニケーションできると思いがちだ。これが勘違いの元となって、相手を苛立たせたり、心証を害したりしてしまうのである。

感情を読み取る力とは、言葉の端々や裏側に、常に感情が張り付いていると意識するということでもある。いくら相手が論理的に話していても、その言葉の端々から「この部分はスルーしてくれ」「実はあまり自信がない」「反論はいっさい聞きたくない」といった感情が透けて見えることがある。それを的確に読み取らなければ、互いの人間関係はうまくいかないということだ。

誰でも面と向かって話す際には、多少の誇張や謙遜を含ませるものだ。それを額面通り受け取るようでは修業が足りないし、ましてあからさまなツッコミや批判をするようでは大人として失格だ。

とりわけ日本という社会においては、こういう機微がわからなければ仕事もやりにくくなるだろう。

「心理学」で相手の感情を読めるか

「感情を読み取る力」と言うと、学問的には心理学をイメージする人もいるだろう。たしかに心理学を学ぶことで、人間理解が多少は進むかもしれない。

たとえばその一派であるフロイトの精神分析学には、いわゆるコンプレックスや抑圧についての考察が含まれる。これらの考え方は、現代ではもはや常識だ。

その意味では、**心理学の知識を持っているか否かによって、人間理解力も相応に変わってくるはずだ。ひと通り学んでみることにも価値はあるだろう。**逆にこれらについてまったく知らないとなると、一八世紀～一九世紀前半の人間に戻るようなものである。

いささか余談ながら、特にフロイト理論に限って言えば、さほど難しく考えなくてもよい。まず、生きていく上でのエネルギー源を「リビドー」と言う。異性を求めて突き動かされるような力を指し、そんな欲望を「エス」と言う。だが当然ながら、エスをむき出しにしては社会生活を送れない。そこで、エスの上に「○○をしなければならない」と自分をコントロールするような「スーパーエゴ（超自我）」が覆い被さっている。

この両者の間にあって調整するのが「エゴ（自我）」だ。これがフロイトの考えた基本的なモデルだ。

エスとスーパーエゴがうまくバランスしている状態なら、精神的には安定する。しかしスーパーエゴが強過ぎ、「自分は○○すべき」という意識ばかり強まると、自分というものがなくなって心に傷を負ったり、衝動的に暴発したりする恐れがある。

逆にスーパーエゴが弱過ぎると、今度は自分をコントロールできなくなってしまう。自分にとって気持ちのいいこと、都合のいいことばかりを追求することを「快感原則」と言うが、これでは世の中に通用しない。もっと現実を見ることを「現実原則」と言い、快感原則からこちらに移行することが「成熟」であるとされる。

このあたりを大雑把にでも把握しておくと、少なからず役立つかもしれない。「あの人はまだ現実が見えていない」とか「抑圧され過ぎて、いつか爆発するのでは？」といったことが見えてくれば、対処の仕方も変わってくるだろう。

心理学を学んでも感情理解が進む保証はない

人間の行動のもととなる心を研究する行動心理学には、「刺激に対する反応こそが心である」という考え方がある。心はブラックボックスであり、中身そのものはわからない。しかし、どう反応するかを観察すれば読むことができる、というわけだ。こういうシンプルな考え方で心を捉えるのも、一つの方法なのである。

もっとも、**こういう心理学の知識がないからといって、感情を読み取れないということではない。逆に心理学をおおいに学んだとしても、日常の感情に対して理解が進むという保証もない。**だいたい心理学の理論は、実験によって得られるものが多い。ある一定の条件を設定し、何割の人がどう反応したかというデータをまとめ、いわば確率論的に結論を導き出しているのである。

ところが現実の社会において、都合よく一定の条件が設定されることはまずない。たとえば勉強部屋の環境を整える参考として、「人は赤い色の部屋に入ると興奮し、青い色の部屋に入ると冷静になる」と言われることがある。

たしかにその通りかもしれないが、仮に真っ赤、または真っ青の部屋があったとしたら、しばらくそこにいるだけで気分が悪くなるだろう。つまり「興奮」も「冷静」も、実際には何の役にも立たないわけだ。

身も蓋もない言い方をすれば、赤や青の部屋より、穏やかな色の部屋のほうが落ち着くため、勉強時間が長くなっていい結果が出るかもしれない。実験の仕方によって光の当て方も違うため、自ずと結論も違ってくるのである。

人はなぜカウンセラーに心を開くのか

心理学の専門家までいかなくても、その中間段階としてカウンセラーのような職業がある。その訓練のプロセスでは、自分自身の感情世界、無意識レベルの世界をいかに読み取ったかについて、スーパーバイザーと呼ばれる立場の人から徹底的に指導を受けるという。

これはユングの心理学にも通じるものだが、無意識の世界まで掘り下げ、それも本格的になると年単位の時間をかけて行うらしい。

そもそも**カウンセラーは、言葉を通じて相手の気持ちを引き出していく仕事である。それを可能にするために、まず自分自身の気持ちを客観的に引き出すよう訓練するわけだ。**これによって自分自身の感情を見つめられるようになり、コントロールしながら相手に向かえるようになるのである。

カウンセリングにおいて相手に共感することは大事だが、相手の気持ちにのめり込み過ぎると、一緒に混乱したり悲嘆に暮れたりするだけになってしまう。これでは、カウンセリングの意味がない。そこで一線を引いて冷静に感情を読み取れてこそ、プロなのである。

以前、松尾貴史さんがパーソナリティを務めるラジオ番組でフリーアナウンサーの梶原しげるさんと対談させていただいたときも、このカウンセリングの話を伺った。

もともと梶原さんは話術のプロだが、あるとき、カウンセラーになろうと一念発起して勉強を始められたそうである。とりわけ心理学者の國分康孝先生の著書『〈自己発見〉の心理学』（講談社現代新書）に感銘を受け、國分先生に直接入門してトレーニングを受けたという。この経験が、その後の仕事にもたいへん役立っているとおっしゃっていた。

初対面同士のほうが感情を出しやすい

たしかに、カウンセリングの理論についてひと通り知っておくと、日常的に便利な面もあるだろう。たとえばアメリカの臨床心理学者カール・ロジャースが開発した「ノンディレクティブ・カウンセリング」は、相手に対して指示は絶対にしないという手法だ。ただ相手の話に耳を傾け、うなずき、もっと話したくなるように仕向けるのである。

また、これを集団で行うと「エンカウンター・グループ」と呼ばれるものになる。要するに複数が集まり、自由に話をする場を設定するわけだ。お互いに初対面の者同士のほうが、かえって話しやすい空間になるのである。

私も大学時代、こういう会に参加したことがある。**日常の人間関係の中では遠慮す**

るような意見や感情が、初対面だとむしろ遠慮なくぶつかり合う。「あなたは一般論が多い」「あなたは本心から私の話に共感しているわけではない」等々、厳しい発言が飛び交った覚えがある。そういう雰囲気だからこそ、自分の問題も思い切って発露したくなるのである。

そこで試されるのが、まさに感情を理解する力だ。初めて出会う者同士で緊張感がいい具合に作用している場合、この能力が足りないと、ただちに厳しい指摘を受けることになる。自らの至らなさを思い知らされるわけだ。

新入生の友だちのつくり方

知り合い同士が集まったパーティなどに、自分だけほとんど誰も知らずに参加することがある。仕事なら仕方がないが、何かの義理やプライベートでこういう状況に置かれると、なかなかつらい。話し相手が見つからなかったり、場合によっては浮いてしまう恐れもあるからだ。

そんなとき、会場に入った瞬間に相手の感情が読み取れると、「この人は話してくれそうだ」「感じがよさそうだ」という察しがつく。

私はしばしば「新入生はどうやって友人をつくればいいか」というインタビューを受けることがあるが、その際にアドバイスするのは、「この人は優しいとか、コミュニケーションが上手だと思える人を選んで話しかけてみよう」ということだ。

たとえば大学のカリキュラムや授業について、簡単な質問や相談を持ちかけてみる。コミュニケーション能力の高い人なら、こういう問いかけにもさっと答えてくれるものである。そこから友人関係をつくっていくのが、最も手っ取り早いし失敗も少ない。

これは学生たちから聞いた話だが、地方から出てきて右も左もわからないとき、人のよさそうな学生を選んで一緒に行動してもらったそうだ。だいたい四～五人もいれば、その中に感じのいい人が一人はいる。**見た目だけではわからなくても、最初にちょっと話を振ってみたとき、どう反応するかによって、見極めがつく。つまり感情を読み取る力さえあれば、新しい場に入っても孤立せずに済むわけだ。**

あるいは電話やメールであっても、音声や文面の断片から「この人は信用できる、できない」をなんとなく読み取ることは可能だろう。ましてライブ空間であれば、人柄や信用度や体調まで、もっと明らかになりやすい。問題は、それを瞬時にどの程度読み取っていくかということだ。

相手のキャラクターを座標軸で考える

同時に重要なのは、相手が感情を読み取る力をどの程度持っているかだ。これは十字の座標軸で分けると整理しやすい。「相手の感情を気遣って話せる人」と「そうではない人」を縦軸に、「感じのいい人」と「感じの悪い人」を横軸に取ってみると、相手を四つのゾーンのうちのどれかに分類できる。

世の中には「人への気遣いはないが感じのいい人」もいるし、「気遣わない上に感じも悪い人」もいる。もちろん、最も接するべきは「気遣いができて感じもいい人」（79ページ図の右上のゾーン＝第一象限の人）である。こういう見極めができれば、人間関係で悩むことも激減するはずだ。

この点は、いわばバスケットボールやサッカーのようなボールゲームに似ている。初対面のチームメイトであっても、最初に五分ほどパス回しをしてみれば、だいたいどういうレベルかはわかる。

同様に、日本語のパス回しが上手にできるかどうかで、当人のコミュニケーション能力を測ることができるのである。

たとえば、聞いたことにきちんと答えてくれるとすれば、それは技術も気遣いも申し分ないことになる。これは右上のゾーンに位置するわけで、こちらとしても安心して振る舞えるだろう。

しかし最初から質問を聞こうとしないとか、あるいはこちら側に何ら質問をしてこない場合は、要するにパスを回す気がないということだ。たとえ技術は持っていたとしても、その後のつきあい方には注意が必要になろう。

もちろん、自分自身も右上のゾーンを目指すことは欠かせない。その大前提は「感じがいい」ということ。だから私は、**すべての社会人は「上機嫌」を作法にすべきだと考えている。**それは、「級」や「段」を付けられるほど明確な個人差があり、なおかつ誰でも習得できるものなのである。

最初のパス回しでわかる 4つのキャラクター

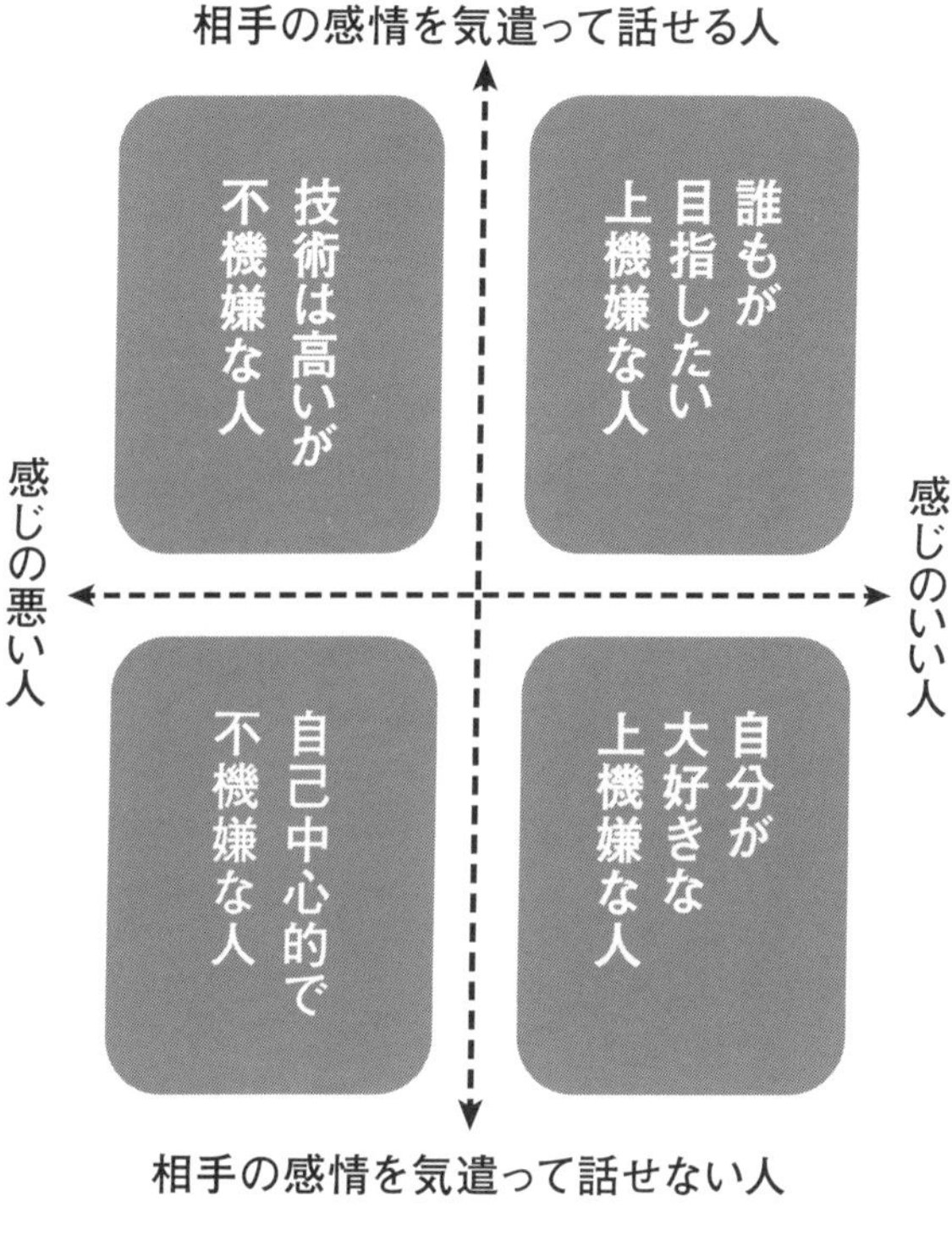

相手の言葉を「癖」と「関係性」に分けて考える

感情を読み取る際の大きなポイントは、ある言葉がその人の固有の癖によるものか、それとも現在の関係性において出てきたのかを区別することだ。

あなたが何か皮肉を言われたとしよう。それが自分の言動に対してだけ向けられたのか、それとも当人の癖なのかを見極める必要がある。

皮肉な口調が他の人にも向けられているとすれば、これは当人の癖と考えたほうがいいだろう。少なくとも自分に対してだけ向けられたものではないとわかれば、気を揉む必要はなくなる。すぐ怒鳴る人、威張りたがる人、自慢話ばかりする人なども同様だ。

ところが若い人の場合、特に上司から何か言われると、それを全面的に自分への言葉として受け止めてしまうことがある。おかげで、悩む必要のないところで悩んだりしてしまうのである。

こういう事態を避けるには、当人が他の人とどう接しているかを観察するしかない。ある程度注意深く見ていくと、「この人は誰に対してもこういう話し方をする」とか、

「上の者に対しては低姿勢、下の者に対しては高圧的になる」といったことが見えてくる。

つまり感情を読み取る力をつけるには、相手とのやりとりだけではなく、他人同士の会話に注意を払うことも欠かせなくなるわけだ。

相互に使っている言葉の選択、反応の仕方から、感情の行き来までを冷静に見る。これは、前述の〝スーパーバイザー〟的なポジションに立つということでもある。

そうすると、ある種の耐性が身についてくる。皮肉を言ったり怒鳴ったりするのが癖である相手の場合には、どれほど反論したり注意したりしても無駄だ。台風に見舞われるようなものだから、避けようもない。早めに避難して過ぎ去るのを待つのが得策だろう。

もっとも、台風のように「実害」が出るケースはほとんどないので、「またお馴染みのシリーズが出ましたね」と内心で笑うぐらいの感覚でもいいかもしれない。これも、相手の感情を理解することの一種だ。

あるいは、今まで見たこともないような形相《ぎょうそう》で怒ったり、冷淡な態度をとったとすれば、それは現在の両者の関係性に由来すると考えたほうがいい。自分の言動や話の内容に問題はなかったか、振り返ってみるべきだろう。

日本で対等な議論は成立しにくい

しばしば「交渉術は日本人に向かない」と指摘されることがある。その論拠の一つは、日本人が純粋に論理的な議論に慣れていないことだ。交渉する際、感情を抜きにして進めることは難しい。前述の通り、日本人の論理にはたいていたい感情や立場性が張り付いているからだ。

そもそも議論というものは、対等であることが大前提だ。上司と部下、先生と生徒といった関係を取り払わなければ、本当の議論はできない。それが古代ギリシャの議論の型だった。プラトンの著作、たとえば『ゴルギアス』を読んでいると、議論をしていて一方に発言が偏ると、「もう一回ルールを確認しよう」「状況を整理してみよう」とレフェリーの役割を果たす者が現れる。それによって仕切り直しとなり、当事者同士は常に対等な条件で戦えるのである。

こういう慣習を象徴するのが、古代ギリシャで生まれた「オストラシズム（陶片追放)」と呼ばれるシステムだ。選挙のように一定以上の票を獲得すると当選するのではなく、逆に追放される。こうした投票制度で独裁者や僭主《せんしゅ》政治を排除し、権力をコントロールしようとしたわけだ。

ところが日本の場合、長い歴史の中で、こういう文化は育たなかった。だから完全に対等にはなりにくいのである。江戸時代には武士を中心とした士農工商の身分制度があり、また武士の中にも階級があった。わずかながら対等性が存在したとすれば、大阪の町人文化ぐらいだろう。

江戸時代の大阪は、巨大な都市でありながら、武士の人口比率がきわめて低かった。だから井原西鶴の『日本永代蔵』にも、武士はほとんど登場しない。それだけ町人文化の都市であり、才覚や工夫しだいで金持ちになることも可能だった。おそらくその中では、コミュニケーション能力も重要な要素だったに違いない。

ただ当時の大阪は、あくまでも特殊なケースだ。**江戸時代は上下関係・縦社会が歴然と存在する社会であり、それが日本人気質の形成に大きく影響したことは間違いない。二六〇年続く中でそれぞれの気質が固定化し、明治以降はもちろん、今日まで引きずっている感がある。**

たとえば「長いものには巻かれろ」という発想は、今でも各所で見られる。戦後は民主主義が導入されたものの、終身雇用・年功序列という制度が定着したためか、やはり目上の人に対してははっきりものを言わないことが〝美徳〟とされた。

これは儒教の伝統でもあるが、結局のところ、日本では対等な交渉や議論が成立しにくい社会のまま、今日に至っているのである。

日本はそう簡単にアメリカ化しない

仮に日本が対等な議論の成立しやすい社会なら、わざわざ感情を読み取る力を育てる必要はない。アメリカ社会のように、上機嫌でジョークを交えつつ、実にえぐい条件を相手に突きつければいいだけだ。

私も経験があるが、彼らは機嫌よく近づいてきて握手を求め、いくつか言葉を交わしたと思ったら、いきなり厳しい要求を出してくる。彼らにとってみれば、相手がそれをのめばラッキー、拒否されても失うものはない。

たしかにノーリスクでハイリターンだから、きわめて合理的な行動だ。「言いたいことを言って何が悪い？」という意識なのだろう。処世術として「交通事故などを起こしたとき、簡単に謝ってはいけない」と言われるのも、その一環だろう。要は、お互いにとことん権利を主張することで、バランスを保っているわけだ。こういう社会が楽かストレスフルかは、人それぞれの気質によるだろう。

一方、**日本の社会は衝突や争いを避ける傾向が強い。相互の権利を守るよう、尊重し合う風土がある。**だから、コミュニケーションは相手がどのような人物であり、どのような感情を持っているかを探ることから始まる。

その結果、この仕事は引き受けようとか、あの人は感じが悪いから断ろうといった判断を下すことになるのである。

また断るにしても、日本人は相手の気分を害さないよう、「今はちょっと時間がなくて」などと配慮するのが常だ。「あなたの態度が悪いから」とはけっして言わない。つまり、たとえビジネスであっても、単純に利益をやりとりするだけではないのである。

ただ世間には、これからの日本社会のアメリカ化を懸念する声もある。感情と要求をはっきり分け、自分の権利を徹底的に主張するようになる、というわけだ。

だが私は、どれだけアメリカ文化が浸透しても、そうはならないと考えている。民

族の気質まで変えることは、なかなか難しいからである。

たとえば私の教え子の中には、アメリカの中学・高校を出た者もいる。彼らが授業のディスカッションに加わると、場はおおいに盛り上がる。さすがに〝アメリカ仕込み〟らしく、ずけずけとものを言うからだ。

だがそのとき、他の学生たちまで感化されて自己主張を展開し始める、ということはない。彼らはそれなりに応戦しつつも「ちょっと勝手が違うな」という異質感のようなものを抱くのみである。

もちろん、日本がアメリカから多大な影響を受けていることは間違いない。だがそれは、せいぜい日本社会の活性化に一役買う程度だろう。

日本語を失えば日本人も消滅する

ただし、将来にわたって日本社会や日本文化は安泰かと言えば、そうとは言えない。

昨今は、英語を公用語化する企業がしばしば話題にのぼる。それは各社の経営判断だからけっこうだが、幼児期から日本語教育より英語教育に力を入れようという動きに関しては、たいへん危険な兆候だ。

もし日本列島の住人の母国語が英語になったら、地球上から日本人は消滅する。日本という土地で生まれた人は存在し続けるだろうが、それは単に「英語を母国語とする東洋の人」でしかない。言語は、民族のアイデンティティにとって決定的に重要なのである。

以前、あるインターナショナルスクールの関係者の方に伺った話によると、日本人でありながら「わが子を同校に入学させたい」と相談に来る親が少なくないという。子どもの将来を考えて、母国語自体を英語にしてしまおうということらしい。

これに対して学校関係者は、「そうすると、お子さんはもう日本人ではなくなりますよ。それでもいいのですか」と再考を促す。ところが、「それでもいい」と答える親が少なからずいるそうである。

そこまでしてなぜ英語かと言えば、要するにお金になる言語だからだろう。しかし、誰もが日本語ではなく英語を話すようになったとしたら、必然的に気質も変わる。日本には日本生まれでありながら、押しの強い人が溢れるに違いない。それは、文化の喪失以外の何物でもない。

誰もが認める通り、日本人は圧倒的に押しが弱い。応答も曖昧にしたがる。その特異性は、おそらく世界にも珍しい。ガラパゴス諸島ではないが、島国だからこそ今日まで生き長らえてきた面もあるに違いない。

それに、民族のつながりはきわめて強い。かつてソ連が崩壊したとき、ソ連に属していたそれぞれの民族が一斉に連邦から独立を果たした。重石が取れて自由になったとたん、民族として結束する道を選んだわけだ。

周知の通り、民族対立や独立戦争といった問題は、二一世紀の今日でもなお世界各所で起きている。おそらく今後も、当面は続くだろう。

日本語と日本人は不可分だ。「日本語なくして日本人なし」。しゃれとして言えば、"No Japanese, no Japanese"だ。こうした環境で育まれた気質や習慣は、そう簡単に崩れるものではない。国際化の圧力から日本語を軽視することになれば、アイデンティティの崩壊につながりかねない。その意味で、日本は日本のルールを内部的に維持するのが得策ではないだろうか。

空気を読み、感情を読み取り、細やかに対応する日本語コミュニケーションの訓練は、国際的なコミュニケーションにとっても有益だと私は信じている。

第Ⅱ部

実践！
日本語の「技」を磨く

昨今のベストセラーのタイトルではないが、「伝える力」「聞く力」を鍛えたいというニーズはきわめて高い。たしかに、日常的なコミュニケーションで主に使うのはこの二つだから、それも当然かもしれない。

だが私に言わせれば、これらの力を鍛えるには「読む」「書く」のトレーニングが欠かせない。

それは、外国語の学習で考えればわかりやすいだろう。とりあえず会話ができれば、つまり「話す」「聞く」ができれば十分、と考える人は多い。たしかに観光旅行で使う程度なら、それでいいかもしれない。しかし外国人と議論したり、外国の歴史や文化に深く触れたりするなら、「話す」「聞く」では足りない。もっと深い言語力が必要だ。それが「読む」「書く」なのである。

実際、世界の歴史を振り返ってみると、「話す」「聞く」ことはできても「読む」「書く」ことのできない人々が社会に数多くいた。あるいは今日でも、世界中を見渡せばそういう人は少なからずいる。冷酷に聞こえるかもしれないが、彼らに共通するのは「高収入を得る職業には就けない」ということだ。

「読む」「書く」力こそが、知識労働の根底的なパワーになり得るのである。

日本語についても同様だ。きちんとした文章を読んだり書いたりできて初めて、「大人の日本語力が身についた」と言える。現実問題として、会話のレベルを根本的にアップさせるには、それしか方法がない。

たとえば語彙のレベルにしても、人前できっちり話すとなると、日常的に使っているものだけでは足りない。最低限、新聞で使われているようなレベルが必要だ。加えて、内容に合わせて専門的な語彙も使いこなす必要がある。あるいは論旨の組み立てにしても、「話す」「聞く」だけでは曖昧になりやすい。

いずれにせよ「読む」「書く」のベースが不可欠ということだ。それによって技術や知識が高まるほど、「話す」「聞く」の中身も俄然濃くなるのである。

そこで第II部では、第I部の基礎力を前提として、「読む」「書く」「話す」「聞く」それぞれのトレーニングメニューを用意した。もちろん、誰でも「読み書きぐらいはできる」という自負はあるだろう。だがその作業と「話す」「聞く」が連動していると考える人は、意外に少ない気がする。

中学・高校時代の「国語」とはひと味違う、超技術的・超実用的な「大人の日本語」の世界に、ぜひチャレンジしていただきたい。

第4章

日本語の鍛錬 初級

読む力を鍛える

読む習慣が日本語の土台を鍛える

あらゆるスポーツの基本は下半身にある。まずは身体の土台を鍛えなければ、上達できない。同様に、**日本語の下半身に相当するのが活字文化であり、すなわち「読むことである。**したがって、大人のコミュニケーションとしての日本語を上達させるためには、この読む力をまず鍛えなければならない。

もともと日本人は活字大好き、もっと言えば活字中毒の民族だった。活字を通して、語彙を増やし、大人のコミュニケーション能力を高めていた。ところが近年、若い人を中心に活字文化が急速に衰えている。そのことは、しばしば「今の若者はコミュニケーションが下手だ」と評されることと無縁ではないだろう。

ならばもう一度、活字文化を復興させればよい。ただし、ただ活字を読むだけでは読む力を鍛えることはできない。スポーツと同じく、目的をしっかり持つことが、上達への近道になる。この章で解説する読むトレーニングの目的は、次の三つだ。

●大人の語彙を大量に仕入れる。
●要約力を鍛える。
●言葉に潜む感情を読み解く。

第I部で解説した通り、日本語の技法とも言うべき力は、語彙力、要約力、感情を読み解く力だ。

豊富な語彙があれば、新しい知識を吸収でき、雑談力を高め、知識が豊富な人として注目される。要約力の高い人は、ポイントを的確に把握でき、仕事のできる人という印象を与えることができる。さらに、言葉に潜む感情を読み解く力があれば、誰とでも大人のコミュニケーションをとることが可能になる。

この三つの力を鍛えるのが、まさにこれから解説するトレーニング方法なのである。したがって、この三つの目的を常に意識しながら読んでもらいたい。

まずは大人の語彙を貪欲に吸収する

大人の語彙を増やすのに最も身近な教材は、新聞だ。新聞には、政治、経済、社会などのお堅い内容から、スポーツ、医療、家庭などの身近な内容まで、それぞれに大人の語彙が詰まっている。だから、この格好の教材を使わない手はない。

ところが、新聞を読まない人が増えている。日々のニュースは、テレビかネットで十分だというのだろう。これはとんでもない認識だ。新聞であろうと、テレビであろうと、ネットであろうと、大人の語彙がわからなければ、日々のニュースもわからない。おそらく新聞を読む習慣がない人は、テレビやネットのニュースも意味不明の言葉の羅列にしか思えないだろう。

日銀が一日発表した短観＝企業短期経済観測調査によりますと、円安傾向が続き、輸出関連企業を中心に業績が回復していることから、大企業の製造業の景気判断は、大幅に改善して、プラス四ポイントと、おととし九月の調査以来、七期ぶりにプラスとなりました。日銀の短観は三カ月ごとに行われ、今回は全国のおよそ一万社を対象に五月下旬から先月下旬にかけて調査が行われました。

（NHK、二〇一三年七月一日放送）

これはNHKのニュースの一部だ。テレビのニュースなので話し言葉になっているが、活字で読んでもわからない人には、音で聞いただけではなおさらわからないだろう。

小学生ならともかく、社会人になって世事に疎いのは致命的だ。だから、難しく思える内容をかみ砕いて説明してくれる池上彰さんのような方が、世間から求められているのだろう。

とはいえ、大人ならいつまでも池上さんに頼るわけにはいかない。もう少し、自らの知識と読解力を高める必要がある。それには、日々新聞を読む習慣を身につけて、大人の語彙を貪欲に吸収することが最も有効なのである。

新聞記事の要約ノートで大人の語彙を増やす

小学生のころ、新しい言葉や漢字をどのように覚えただろうか。ただ見ただけで覚えてしまうという特別な記憶力を持った人でなければ、何度も書いて、何度も口にして覚えたのではないだろうか。

大人の語彙も同じだ。ただ活字を読むだけでは覚えられない。ましてや、日に日に記憶力の低下を感じている人には、言葉の暗記というだけで二の足を踏んでしまうだろう。しかも、何度も書いて覚えるなど、非効率この上ない。

これから解説する新聞活用術には、そんな心配をする必要はない。大人には大人の学習法がある。それは、覚えたい語彙を使ってアウトプットすることである。

私は大学で学生に、それぞれ気になった記事を読んで要約し、お互いにスピーチし合うという課題に毎週取り組んでもらっている。この課題は好評で、実際に学生たちの語彙力も要約力もたちどころに向上した。

彼らは新聞記事の要約ノートを持ち寄り、四人がひと組となって、それぞれ一分程度でスピーチを行う。最初は戸惑っていた学生も、繰り返すことで慣れてくる。

もちろん、その話の中では、記事で知った語彙も使うことになる。これによって語彙が身につくわけだ。それまで〝学生言葉〟しか話してこなかった彼らが、突如として難しい言葉を使い始める様子はなかなか壮観だ。

また、これは話す側だけではなく、聞く側にとってもいい勉強になる。記事を読むだけでは適当に流してしまうような言葉も、仲間の声で聞けば印象に残る。これによって新しい語彙を自然に習得できるのである。

新聞記事の要約ノートのつくり方

具体的には、**まずノートを一冊用意して、切り抜いた記事を見開きの左ページに貼り付ける**。これは当日の新聞でも、数日前のものでも可だ。

その上で、**右ページに要約と自分なりのコメントを書く**。なぜこの記事を選んだのか、自分はどう思ったのか等々、意見やアイデアをまとめるわけだ。

この課題のミソは、「**読んで得たものを話したり書いたりして使う**」という点にある。

使うことを前提とすれば、ただ読むだけではなく、読み込んで自分のものにする必要がある。まずは、この時点で「読み」の精度が違ってくるわけだ。

それも、できるだけ物理的・肉体的な作業をともなう形が好ましい。いまや、新聞記事はスマートフォンでも読める。その場でさっと調べる分にはきわめて便利だ。目的が情報収集だけならこれで十分だろう。だが、語彙を増やすという目的を達成することはできない。記事を読んで「ああなるほど」と思う程度では、語彙は身につかない。単なる視覚情報は、次の瞬間には忘れてしまいやすいのである。

その点、**あえて小学生のように切り貼りという作業をすれば、そこには紙という実体があるため、目だけでなく、手も使うことになり、作業自体が記憶に残りやすい。だから圧倒的に効果が上がるのである。**

それに、一つの記事を選ぶまでには、他の記事にも目を通すことになる。新聞を読むことを習慣化して世の中を知るという意味では、このプロセスも重要だろう。

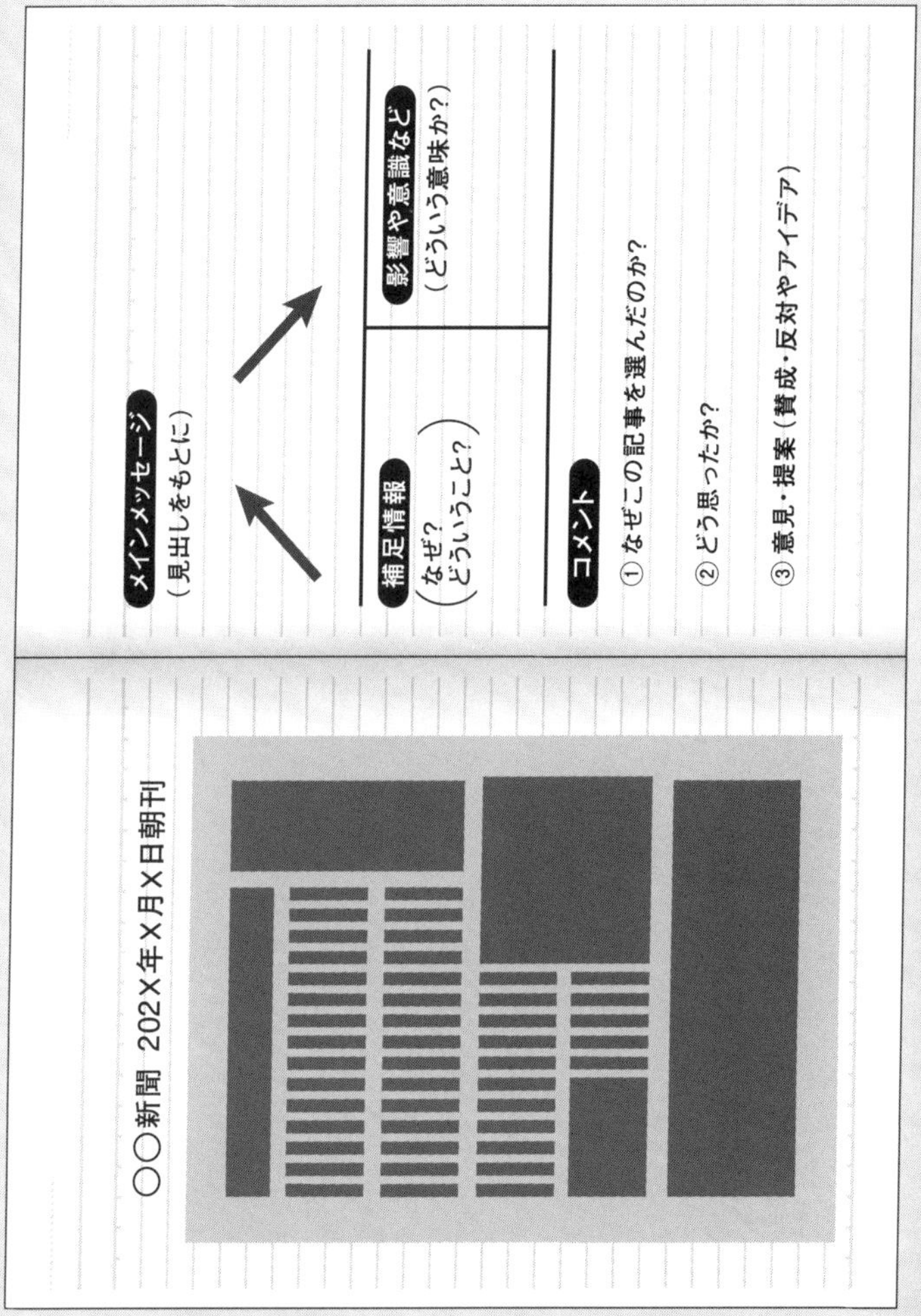
〇〇新聞 202X年X月X日朝刊
メインメッセージ
（見出しをもとに）
補足情報
（なぜ？
どういうこと？）
影響や意識など
（どういう意味か？）
コメント
①なぜこの記事を選んだのか？
②どう思ったか？
③意見・提案（賛成・反対やアイデア）

三色ボールペンで新聞記事を自分色に染める

新聞記事を切り抜いて貼り付けるだけならできそうだが、要約と自分なりのコメントをどう書けばいいのかと悩む人もいるだろう。書く力については次章で詳しく解説するので、ここでは新聞記事の要約ノートのための技を解説しよう。

準備するのは、赤・青・緑の三色ボールペンだ。黒も入った四色ボールペンでもOKだが、黒はチェック用には使わない。切り抜いて貼り付けた記事を、三色ボールペンを使って、次のルールでチェックするのだ。

- **●赤：最も大事と思われる部分やキーワード、数字など**
- **●青：まあ大事と思われる部分やキーワード、数字など**
- **●緑：個人的におもしろいと思った表現や情報**

この作業を行えば、記事はより立体的に、かつ〝自分色〟に染まっていくわけだ。

この赤や青を中心に短い文章にまとめれば、的を射た要約なりコメントが書けるのである。

この方法を身につけるには、実践が第一だ。次の新聞記事を、三色ボールペンを使ってチェックしていただきたい。

iPS細胞(人工多能性幹細胞)を使った再生医療が、加齢黄斑変性という目の難病から始まることになった。これに続き、パーキンソン病や脊髄《せきずい》損傷などさまざまな病気について臨床応用を目指す研究が進む。病気の仕組みの解明や創薬などへの応用も期待されている。国を挙げた支援の機運も高まるが、実用化に向けた第一歩をようやく踏み出した段階だ。

iPS細胞による初の臨床研究計画に問題はないか審議する厚生労働省の審査委員会は当初、7月下旬に開かれる予定だった。前回(5月)、委員から出された安全面についての質問に対する理化学研究所からの回答が早かったため、前倒ししたという。「応用への期待は大きい。審査は慎重に進めるが、事務的な都合で審議を先送りするわけにはいかない」と厚労省の担当者は話す。

再生医療の国内の市場規模は2030年には1・6兆円に達すると見込まれ、安倍政権が6月に閣議決定した成長戦略には支援策が並んだ。政府はiPS細胞の研究に今後10年間で1100億円を投じる方針だ。

（『朝日新聞』二〇一三年六月二七日付）

新聞は数字が重要なので、数字が出てきたら赤でチェックするように意識するといい。この記事では、「2030年に1・6兆円」「今後10年間で1100億円」を赤でチェックしておけば、内容を要約するときに客観性を増すことができる。

もちろん、三色ボールペンの色分けに正しい答えなどない。自分が重要だと思ったところに自由に書き込めばいい。語彙を覚えるという意味では、知らない言葉をチェックして、辞書やネットで調べるということも重要だ。

先の記事で言えば、iPS細胞（人工多能性幹細胞）、再生医療、加齢黄斑変性、パーキンソン病、脊髄損傷、厚生労働省審査委員会などを青でチェックして、その言葉の意味を調べておけば、かなり専門的な知識が吸収できる。このような語彙を使った雑談ができれば、日本語コミュニケーションの上級者になれるだろう。

日常的に新聞を読み流す程度では、最新のキーワードをいざというときに思い出せなかったり、相手にいい加減な情報を伝えてしまうことにもなりかねない。その点、記事を切り貼りして三色ボールペンまで使っておけば、定着率は格段に上がるはずだ。

アウトプットすることで新聞の読み方が変わる

ただし、この要約ノートをつくっただけで終わってしまってはもったいない。語彙力も要約力もアウトプットすることで、さらに鍛えることができるのだ。

だから、私は学生たちに、要約ノートをつくらせ、発表をさせている。**要約ノートの赤や青の部分を中心に話を組み立ててプレゼンすることで、必然的に語彙も増えていくのである。**

私はこの作業を、学生のみならず、社会人にもお勧めしたい。新聞記事についていちいちプレゼンする機会はないかもしれないが、業界や社会の動きについて雑談する機会は、学生よりずっと多いはずだ。

この効果は大きい。プレゼンするなり、雑談するなり、アウトプットを意識することで、新聞の読み方、記事の選び方が変わってくるのだ。情報収集を目的にすると、自分の関心のある記事しか目に入ってこないが、誰かに話すことを目的にすると、新聞全体から話題を探そうとするからだ。

まずは、とりあえず二週間だけでも、騙されたと思って新聞記事を切り抜いてみていただきたい。**ノートに貼り付けるのが面倒なら、さしあたり切り抜いてクリアファイルに放り込んでおくだけでもいい。**それを鞄に入れておけば、ふと思い出した瞬間に拾い読みしたり、人と話している最中に「そういえば」と取り出したりできる。このとき、三色ボールペンで色分けしてあれば、さらに会話が広がるだろう。

また、新聞記事の切り抜きは、子どもに新聞を親しませるのにも役立つ。私も、切り抜いた記事を子どもに読ませることをよくした。「新聞を毎日読め」と言ってもなかなか読もうとしないが、「この記事はおもしろいよ」と渡せば読もうという気になってくれるのである。

自在に切り貼りしたり書き込んだりできるのは、紙の新聞の大きなメリットだ。後ほど本の読み方でも三色ボールペンの活用法を解説するが、本に書き込むという作業は、とても精神的なハードルが高い。そのハードルを低くするためにも、新聞に書き込む習慣をつけておくことは重要だ。

繰り返しになるが、テレビやネットのニュースでは、大人の語彙は定着しないまま押し流されてしまう。宅配システムを維持して新聞の定期購読を続けることは、日本人の言語能力の基礎を形成する上で、必要不可欠ではないだろうか。

新聞の価値を問い直す

実は、新学習指導要領では、情報活用能力の育成のために、新聞などを活用することが明記された。小学生は二〇二〇年度から、中学生は二〇二一年度から実施されるので、国語や社会の授業で、新聞を題材にする機会が増えるだろう。

授業で新聞を活用することによって期待できることは、まずメディアリテラシーの向上だ。たとえば、**記事を比べてみると、中身は同じでも見出しの違いで印象がずいぶん違うことに気づいたりする。**

少し古くなるが、次の見出しは、二〇一三年六月二〇日に自民党が発表した参議院議員選挙の選挙公約に関する主要五紙の見出しである（各紙とも翌日の朝刊）。この公約は、経済、原発、農業、外交・防衛、育児、教育、憲法など、多岐にわたっているのだが、見出しによって、読者に与える印象が異なることがわかるだろう。

「法人税大胆引き下げ」　原発再稼働の方針も　（『朝日新聞』）
法人税大胆下げ明記　持続的成長へ　（『読売新聞』）
自民「2％成長実現」　96条先行改正明記見送り　（『毎日新聞』）
自民、改憲方針を明記　法人税下げも　（『産経新聞』）
「思い切った投資減税」　原発再稼働推進を明記　（『日本経済新聞』）

このように同じ内容でも、書く人の立場や主義主張によって、ものの見方がまるで変わることはよくある。それを見比べることで、どちらの見方が深いか、どこまで事実に基づいているのかなどが見えてくるのである。

一つの情報を過信しないということは、情報化社会において「騙されない」という意味でも、また民主主義的な能力としても非常に重要だろう。かつてなら、ここまで新聞の情報を吟味する必要はなかったかもしれない。とりあえず新聞に書いてあることが事実だと素直に受け取っていれば、まず困ることはなかった。

だが、**各新聞は立場性を前面に押し出して差別化を図っているように見えるし、ネットを見れば記事の当事者や専門家の発言も無数にある。それらを複眼的に吸収し、少なくとも自分なりの見識を持つことが欠かせない。**

また、この技術は、重要と思われる記事をコピーしてしかるべき人に渡したり、配ったりするときにも役立つ。

私の勤務する大学にも、会議の際など、議題に関連しそうな記事をピックアップして参加者に配ってくれる職員の方がいる。おかげでたいへん助かっているが、これも記事を読みこなす能力がなければできるものではない。ある意味で、新聞を「技化《わざか》」しているわけだ。

そんな技術を子どものうちからマスターすることは、本人にとっても、また本人の周囲にいる人にとっても、将来おおいに役立つに違いない。

読み慣れない専門雑誌がおもしろい

新聞とともに、身近にある活字媒体といえば雑誌である。

こちらも、大人の語彙を増やすにはちょうどいいツールになる。とりわけ、新聞よりも専門に特化した雑誌があるので、専門領域の語彙を手っ取り早く身につけるには最適だ。**新聞に登場する語彙が大人の語彙のスタンダードだとすると、専門雑誌にはもう少しステップアップした語彙が詰まっていると言えるだろう。**

たとえば、書店に行って医療・医薬関係の雑誌をパラパラめくってみていただきたい。関係者以外の人なら、日本語でありながら、意味のわからない言葉がこれほど詰まった記事があるのかと驚くに違いない。

近年ではCKD—MBD（慢性腎臓病における骨ミネラル代謝異常）の病態管理の重要性がいわれているが、カルシウムやリン、副甲状腺ホルモン（PTH）などを適正にコントロールするのは容易ではない。匙加減ともいえる薬の細かな使い方が求められることを踏まえ、同院では薬剤師が中心となってＭＢＤ治療のための血清リン・カルシウム値管理アルゴリズムとＰＴＨ管理アルゴリズム、さらに貧血治療アルゴリズムを作成した。

（『月刊薬事』二〇一三年七月号）

しかし、これから医療機関や製薬会社などで働こうという人なら、「わからない」では済まされない。そこでこういう雑誌を苦労して読み込んでいけば、語彙も、最新の業界事情も効率よく学べるわけだ。

もう少し一般的ですべての社会人にとって有用なのが『週刊東洋経済』『週刊ダイヤモンド』『日経ビジネス』のような経済誌だ。一般的な総合週刊誌よりは専門的な語彙が多く、記事の内容もしっかりしている。その中から必要に応じて購読する癖をつければ、ビジネスの現場で交わされる〝大人の会話〟にも、しっかりついていけるようになるだろう。

あるいは、特に決め打ちせず、今までに読んだことのない雑誌を手に取ってみるのもおもしろい。たとえば私は新幹線のグリーン車に乗ると、目の前にある『Wedge

（ウェッジ）』をつい読んでしまう。一般的な総合誌より馴染みは薄いかもしれないが、こちらも内容的にはかなりしっかりした雑誌だ。語彙もさることながら、新たな視点を与えられるという意味でもたいへんおもしろい。

あまりメジャーではないものの、その業界では誰もが読んでいる雑誌というものが各界に必ずある。そういう雑誌を目にすると、手軽に語彙も見聞も広げられるだろう。

買うことに躊躇《ためら》いがあるなら、とりあえず書店でパラパラ眺めてみるだけでいい。その中に、気に入ったコラムや興味をそそられる記事が二〜三個でも載っている雑誌があれば、まず買っても損はしない。〝モト〟を取るつもりで、三色ボールペンを駆使して他の記事も読んでみれば、相当数の語彙が頭に入ってくるはずである。

本を読む行為が心を鍛える

新聞・雑誌で増やす語彙は、大人のコミュニケーションの根底をなす実用的な語彙である。もっとじっくりと、深い知識とともに系統立った大人の語彙を身につけようと思うなら、やはり読書がベストだろう。

かの吉田松陰の言葉に、「万巻《まんがん》の書を読むに非《あら》ざるよりは、いずくんぞ千秋《せんしゅう》の人たるを得ん」がある。多くの本を読まずして、どうして後世に名を残すような人物になれるだろうか、というわけである。

実際、松陰は読書によって人格をつくり、志を練った人物だった。禅と剣で自らを鍛えるのが定番だった当時の武士とは、ここで一線を画している。**本の内容もさることながら、「読む」という行為そのものが向上心に火をつけ、心を鍛えることにつながる。**松陰はそう自覚していたのだろう。

この感覚は、本を読む人なら多少なりともわかるはずだ。

どんな本であれ、読前より読後のほうが向上心は高まる。それはある意味で当然で、書き手になる人はすべからく向上心の塊だからだ。そうでなければ、松陰にしてもあれほどの分量の原稿を書けるはずがない。

「生まれてすみません」の太宰治でさえ、人間としての生き方を探求したいという意志に溢れていた。読み手はそういう書き手のメッセージを活字を通してダイレクトに受け取るわけで、影響を受けないほうがおかしいのである。

ほとんどの知識は新書で手に入る

とはいえ読み手にとってみれば、本はあまりにも数が多過ぎて、どれを選べばいいのか迷うこともある。時間をかけて読んだのにつまらなかった、ということもよくある。その結果、面倒になって一冊も読まなくなったりする。だが、ネットの薄い情報だけで満足するようになると、視野が狭くなって思考が浅くなるだけだ。

そこでお勧めなのが、まず新書から当たってみることだ。あらゆるジャンルが存在するし、難し過ぎず、やさし過ぎず、一定のクオリティを保っている。特に専門分野の概要書や入門書は、新書の得意分野だろう。言い換えるなら、**今の日本は、新書を駆使すればだいたいの知識が手に入るという、たいへん恵まれた状況なのである。**

たとえばニーチェ自身の著書が難解なら、その思想を解説した新書から読めばよい。それでニーチェをわかったような気になるもよし、さらにニーチェの著書にチャレンジするもよし。

いずれにせよ、一冊の新書に出会うことで、それまで難しいと思っていた世界がグッと身近に感じられるわけだ。

何かを詳しく知りたいときは新書を三～四冊読む

先日も、私は心理学のある分野について、新書を三～四冊見繕って読むことで概要をほぼ摑むことができた。かけた時間はせいぜい一時間程度。これは、私だからできた芸当というわけではない。後で詳しく述べるが、ちょっとしたコツさえ摑めば誰にでもできる。

世間一般に、何かを詳しく知りたいと思ったとき、新書を三～四冊読んでみようという発想自体が乏しいのではないだろうか。

「活字離れ」が言われて久しいが、高齢者の中には比較的読書家が多い。それは、若いころから岩波新書をはじめ多くの本を読んできたからだ。問題は、そんな読者層が高齢化し、若年層に受け継がれていないことにある。

もし二〇～三〇歳代で新書を読む習慣を持たないとすれば、生涯において本に触れる機会も限られるだろう。それは、深い思想や教養を学ぶ機会を逸することであり、

同時に語彙が増えないことも意味する。

たしかに「新書三〜四冊」と言われると、読み慣れていない人にとってはずいぶん多い分量に思えるかもしれない。

では、一冊をだいたい二〇分、三冊でも一時間程度で読みこなせるとしたらどうだろう。これなら、さして負担にはならないはずだ。ふだんネットに使っている時間の一部を振り分けるだけで、何冊も読める。

膨大な新書の海は、さながら自分の〝養殖場〟に化すわけだ。

だから私は大学で学生たちに、とりあえず週に三〜五冊は新書を読むよう指導している。それもただ読むだけではなく、中身について全員の前でコメントしてもらうのが常だ。極端な場合、それぞれ持ち寄った新書をその場で交換させ、お互いに五分で読んで要約してもらうこともある。

たいへんな作業のように思われるが、もちろん最初から最後まですべて読破しろ、とまでは言わない。新書には、それなりの「読む技術」というものが存在するのである。

一時間で三冊読むための新書の選び方

まずは選び方。今の新書は、ワンテーマに絞っているものが多い。ソデの部分や「まえがき」「あとがき」、それに「目次」にざっと目を通せば、そのテーマも、あるいは著者や編集者の力量もだいたい摑めるはずだ。

それに、**新書には大きく二種類ある。大量の情報をコンパクトにまとめてあるものと、著者の主張をゆるやかにまとめてあるものだ。**前者は辞書代わりになるし、後者はいわば著者の講演会を聞く感覚で読めばよい。実際、講演会をベースにまとめた新書も少なからずある。

岩波新書や中公新書、講談社現代新書なら、学問の世界で一定以上の功績のある人がそのエッセンスをまとめたもの、というイメージが強いが、他の新書は著者も多彩だし、概して内容も軽い。

いずれも語彙を増やすことはできるが、**好きな著者を見つけて集中的に数冊読んでみる手もある。それぞれの著者にはその人なりの語彙というものがあるため、その世**

界観とともにまとめて習得できるからだ。

たとえば「太宰治が好き」という人は、太宰の作品をほとんど読破してしまっている場合が多い。そうするとあの世界観・価値観に傾倒するとともに、語彙まで身体に刻みつけてしまうのである。

あるいは私の場合、かつて小林秀雄の作品を集中的に読んで、その語彙を身につけた覚えがある。ただ周知の通り、小林の文章は硬質かつ難解であり、語彙もまた一般向けではない。大先輩に対して失礼ながら、「もっとわかりやすく言えばいいのに」「自分ならこういう言葉で書く」と思う部分も多々あった。

それに比べれば、新書は平易な言葉で書かれているし、それでいてしっかり大人の語彙も安定的に使われている。それを自身の会話の中でも使うようにすると、自然な形で習得できるのである。

著者の人格とともに言葉を受け取る

むしろ問題なのは、本を単なる情報源と割り切ってしまうことだ。

これでは、いくら読んでも語彙を増やすことにはならない。誰もがネット上で日々大量の文字情報を読んだり書いたりしている一方、大人の語彙を高い水準で使いこなせる人がなかなかいないことからも、それは明らかだろう。

つまり、情報が外側を流れていくだけで、人格的な影響を受けていないわけだ。**新聞や雑誌より本が優れている点は、著者の人格とともに言葉を受け取れることだ。**その著者のことをもっと知りたいとか、近づきたいという思いがあれば、その〝著者色〟に染まった語彙も自然に習得できるのである。

もともと『論語』にしろ『聖書』にしろ、それぞれ孔子やイエスが書き下ろしたわけではない。本人の話し言葉を、弟子たちが書き留めたものだ。それがわかりやすく、なおかつ説得的だったからこそ、多くの人に影響を与え、長く広く読み継がれてきたのだろう。

もちろん同列には語れないが、つくりとしては今日の新書も近い。その分、読み手が影響も受けやすいはずだ。

時には自己啓発書も栄養剤になる

ところで、社会人によく読まれている本といえば、いわゆる自己啓発書だ。かつて私は、こういう本に対していささか懐疑的だった。書いてあることがあまりにも当たり前過ぎて、果たしていい大人が読むべきなのかと疑問に思っていたのである。

だがある時期から、その考えを改めた。**わかりきったことしか書いていなくても、それでモチベーションを維持できるなら読んだほうがいい。栄養剤を飲むような感覚で読んで元気が出るなら、あえて避ける必要はない。**何もせずに一人で悩んだり落ち込んだりするより、ずっと建設的だ。

実際、当たり前の話でも読んだり話したりしたくなることはある。たとえば私の場合、サッカーの日本代表が負けたときなど、語る相手がとりあえず目の前にいなければ、ネットに書き込まれた不特定多数のコメントを大量に読んで気を静めたりする。

特に目新しい情報や斬新な見解があるわけではないが、だからこそ「そうだよな」と共感して落ち着けるのである。

ただし、メッセージが単純な分、気をつけるべきは〝自己啓発マニア〟になってしまうことだ。読書量が増えたとしても、こういう本ばかりでは語彙や知識の吸収ができない。しかも、空虚なポジティブシンキングで日常が埋めつくされると、何かのきっかけでかえって心が折れやすくなる。せっかく時間をかけて本を読むのなら、もっと中身をつくることを考えたほうがいいだろう。

著者の選択は幅広くする

特定の著者にばかり傾倒するのも問題だ。

もちろん同じ著者の本を何冊かまとめて読むのはいいが、**並行的に毛色の違う他の著者の本も読まなければ、思考のバランスが崩れてしまう。場合によっては、その著者と敵対的な関係にある人を無条件に嫌う、といったことにもなりかねない。**

いささか次元は違うが、私が東大教養学部にいたころ、気がつけば先生の過半はいわゆる左翼だった。授業で使われる語彙は、マルクス主義を露骨に反映したものばかり。おかげで、すっかり左翼の論調に慣れた覚えがある。

授業の水準は高かったが、バランスがいいとは言えなかった。そのバランスの悪さを補う意味でも、さまざまな立場の人の本を読むことが欠かせなかったのである。

本は冒頭から読まなくていい

先の新聞記事と同様、読書においても最終的に目指すべきは、全体を要約して説明できるようになることだ。そのためには、無数にある本を片っ端から読み捨てていくより、少数の本から吸収してアウトプットするほうが、得られるものは大きい。

とはいえ、一冊であろうと、最初から最後まで精読しようとすると、途中で飽きて投げ出してしまう恐れがある。そうならないためには、「本は冒頭から読む」という発想を捨てる必要がある。

読むべきポイントを探し出し、その部分だけ精読して全体像をアウトプットするのがコツだ。そうすると、知識も語彙も体系立てて頭にたたき込むことができるのである。この方法なら、複数の本でもまとめて読むことができる。

ただし言うは易《やす》しで、実際に本の構造を体系的に把握することは、かなり難しい。

言葉の要約はそこそこできても、構造の把握は意識しなければできない。

そういうとき、**手助けになるのが「目次」**だ。著者や編集者のセンスにもよるが、**ここを一覧することで、大まかな思想の流れは把握できるからである。**

たとえば、「フロイトの思想体系はどうなっているか」と問われて、即座に答えられる人はなかなかいないだろう。しかし、宮城音弥さんの『精神分析入門』の「目次」を見るだけで、「フロイトはこういうことを言っていたのか」ということがだいたいわかる。

Ⅰ　精神分析とは何か

Ⅱ　無意識の心理——深層心理学

心的因果／深層心理学の方法／無意識の世界／無意識の性質／無意識からの力／無意識への力

Ⅲ　適応の心理——人格心理学

目的行動／欲求不満／感情論理／適応の力学

Ⅳ　性の心理学——性心理学

Ⅴ　異常性欲／小児性欲／性的発達と性格
神経症の心理――異常心理学
心因の問題／ヒステリーと精神衰弱
Ⅵ　**精神療法――臨床心理学**
Ⅶ　**フロイトの理論**
性の概念／本能の理論／精神の構造
Ⅷ　**芸術・宗教・道徳――文化の解釈**
Ⅸ　**フロイト以後**
ユング／アードラー／新フロイト派

（宮城音弥『精神分析入門』岩波新書）

経済学について知りたいときも、分厚い専門書を繙《ひもと》くまでもなく、現状を踏まえて平易に解説した新書が数多くある。それらの「目次」をざっと見ていくだけで、今がどういう状態で何が問題なのか、今後どうなっていくのかなどが把握できるのだ。
私は『〇〇学の名著五〇冊』といったタイトルの新書があると、つい買ってしまう。

同じような本をたくさん持っているが、ペンキの重ね塗りの気分で知識を重ね塗りしている。

目次の中から重要な部分を抜き出す

「目次」を手がかりにして大まかな体系を掴んだら、その中から重要と思われる部分を抜き出す。たとえば、五章立てで各二〇項目ずつ、計一〇〇項目で構成された本があるとする。これをすべて読んで全体像を把握しようなどということは、最初から考える必要はない。仮に時間をかけてがんばって読み通したとしても、すべてが記憶に残るわけではないからだ。

ならば、最初から抜粋したほうが合理的だろう。ちょうど学生時代の試験前に適当にヤマを張ったような感覚で、**項目の中から重要と思われるものを一〇個程度選び出すことだ。そうすると、読むべき部分はざっくり一〇分の一、およそ二〇〜三〇ページに絞られることになる。この程度の分量なら、二〇分もあれば十分に読み切れるだろう。**

ただし、一つの章に絞ったり、同じ箇所から連続で一〇項目を取り上げるのは、得策とはいえない。ある章にウェイトをかけるのはいいとしても、できるだけ各章から取り上げるのがポイントだ。

私の経験上、抜粋した部分を読む段階になれば、そこから先は誰がやっても大きな差は生まれない。それよりも問題なのは、抜粋の精度だ。基本的には「目次」を見たり全体をパラパラめくったりしながら項目を選んでいくわけだが、ここで経験の差が出やすいのである。

ある程度慣れてくると、野生の勘のようなものが発達して、パラパラめくっているだけで「ここだ！」とわかるようになってくる。それはちょうど、雄のライオンが獲物の肉の上等な部分だけを食べて、他は惜しげもなく放置するような感覚だ。そんなイメージを持てるまで、場数を踏むことをお勧めしたい。

読む前に自分が知りたいことをはっきりさせておく

目次から重要な項目を抜き出すときに、自分にとって必要な部分のみ抜き出すという方法もある。言い換えるならば、読む前に自分が何を知りたいのかをはっきりさせておくということだ。本の内容全体を知りたいというよりは、ある事柄についてのみ知りたい場合に効率的な方法である。

次の目次は、幕末維新の武士がどのような生活をしていたかを、加賀藩御算用者が残した古文書から読み解いたベストセラーで、映画化もされた磯田道史さんの『武士の家計簿』（新潮新書）の目次である。試しに、一〇項目程度抜き出してもらいたい。

第一章　加賀百万石の算盤係

わかっていない武士の暮らし／「会計のプロ」猪山家／加賀藩御算用者の系譜／算術からくずれた身分制度／御算用者としての猪山家／六代　猪山左内綏之／七代　猪山金蔵信之／赤門を建てて領地を賜る／江戸時代の武士にとって領地とは／なぜ明治維新は武士の領主権を廃止できたか／姫君様のソロバン役

第二章　猪山家の経済状態

江戸時代の武士の給禄制度／猪山家の年収／現在の価値になおすと／借金暮らし／借金整理の開始／評価された「不退転の決意」／百姓の年貢はどこに消えたか

孫の教育に生きる武士／太陽暦の混乱／天皇・旧藩主への意識／家禄奉還の論理／子供を教育して海軍へ／その後の猪山家

会計のプロとして生きる武士の私生活や明治維新以後の武士の生き方を知りたいと思うなら、「『会計のプロ』猪山家」「借金整理の開始」「評価された『不退転の決意』」「莫大な葬儀費用」「興隆する者、没落する者」「官僚軍人という選択」「その後の猪山家」などを選択して読めばいいだろう。

もちろん、選択の仕方は他にもある。幕末維新の武士の節約術を知りたいのか、仕事や収入について知りたいのか？　本を読む前に、どのようなことを知りたいのかはっきりさせておけば、目次からの選択が容易になる。さて、あなたはどの項目を抜き出しただろうか。

読書に「三色ボールペン」は欠かせない

項目を絞り込んだら、次にその部分をしっかり読み込む。ここで活用できるのが、前述の新聞記事と同様、三色ボールペンだ。これで俄然読んだ気になれるし、満足度も違ってくるのである。

そもそも買ったばかりのきれいな本にボールペンで書き込むのは、ある種の勇気を必要とする。消せない分、人に見られたら恥ずかしい思いもするし、古書店に持ち込んでも売れない。

しかし私に言わせれば、**本がきれいなままだから、せっかく買ったのに頭の中に残らないのである。**いろいろ書き込むことは、本を自分の身体の一部に取り込むことに等しい。それぐらいの覚悟を決める必要があろう。

ただしその際、どこに何を書いてもかまわない。概して日本人は真面目なので、「間違ったらどうしよう」「人に見られたら恥ずかしい」などと考えがちだ。

だが、**受験勉強のように「正解」のある話ではないので、適当でいい。その本と雑談する、あるいは落書きする程度の感覚でも十分だ。**仮に誰かが見て「的外れ」と感じたとしても、まったく気にする必要はない。

仮にあなたが著者にとって枝葉の部分に着目し、線を引いたりコメントを書いたとしても、それは著者にとやかく言われる筋合いの話ではない。

これは、著者との距離の取り方の問題でもある。どれほど歴史的・世界的に高名な人物の著書であっても、最初から「すごい本だ」と畏怖の念を抱く必要はない。「お金を払って読んでいる以上、対等だ」ぐらいの感覚でいい。

あまり見下したり、批判的な姿勢では何も吸収できないが、どんな著者であれ、臆さず、そこそこの好意と敬意を持ちつつ読むぐらいでちょうどいいのである。

ちなみに私は、本のみならず、会議で配られた資料や出演するテレビ番組の台本等々も、三色ボールペンでゴチャゴチャと書き込むのが常だ。何らかのアウトプットを求められる以上、インプットに万全を期すのは大前提だ。しかもたいていの場合、それをごく短時間でこなさなければならない。だから、書き込んで頭にたたき込むのである。

三色ボールペンで本に書き込む習慣をつけるために、さっそく本書に書き込んでもらいたい。

本に書き込む作業が重要

新聞の読み方で解説した通り、三色ボールペンの私流の使い方としては、きわめて大事と思える部分を赤、まあ大事な部分を青、個人的におもしろいと思う部分を緑でチェックするのが基本だ。

だがこれは、厳密なものではない。というのも、かれこれ一五年にわたってこの使い方を提唱し続けた結果、意外に難しく考える人もいることがわかったからだ。

そこで最近では、「色の使い方は何でもいい」という指導にシフトしている。最初は緑でチェックして、飽きてきたら赤に換えてもよい。昨日は青で書いたから今日は緑、という選択も可。見栄えや気分しだいで換えても可。もはや「適当」の極致である。**重要なのは「本に書き込む」という作業自体であり、一度ルビコン河を渡ってしまえば慣れる。**だから、ハードルを思いっきり下げたわけだ。何色を使ってもいいので、さっそくこの部分を線で囲ってもらいたい。

かく言う私自身、最近は著書の校正をする際、赤・青・緑をほとんど脈絡なく使っている。色による意味の違いは、ずいぶんいい加減だ。赤ばかりでは見にくいから、適度に青や緑を混ぜる。どうしても目立たせたい部分だけ、しばらく使っていなかった緑にする。青だけではイメージが消極的になるから、赤を混ぜる。せいぜいそんなレベルである。

余談ながら、その意味でお勧めなのが、従来の三色に黒も加わった四色ボールペンだ。中には、さらにシャープペンシルが付いているものまである。

もともと日本の文房具は、きわめて高機能・高性能で知られている。以前、海外でお世話になった方に「日本から御礼を送りたいが、何がいい？」と尋ねたところ、「四色ボールペン！」と即答されて驚いた覚えがある。

国内にいると気づきにくいが、安価でありながらインクが詰まったりせず、書き味もなめらかで、しかも小さい本体で何色も書けるボールペンは、さすが技術立国・日本ならではの逸品だ。

恵まれた国に住んでいることに感謝しつつ、おおいに利用しない手はないだろう。

本は汚して初めて自分のものになる

本に書き込むことは、その場での吸収度を上げることに加え、後で読み返したときにポイントがわかりやすくなるという効果もある。それを意識し過ぎて筆が止まっては本末転倒だが、少なくとも「書き殴って終わり」とは思わないほうがいい。

書き込み方は人それぞれだが、単に線を引くより、**キーワードやポイントの文章を丸ごと囲んだり、段落ならカギ括弧でくくって上部に「◎」をつけることをお勧めしたい。後で見返したとき、メリハリがついてわかりやすいからだ。**

あるいは、三色ボールペンよりラインマーカーが好き、という人もいるだろう。たしかに、引いた部分は文字が浮き立って見えるし、黄色は気分まで明るくさせてくれる。ただしコメントのような文字は書けないので、好みに応じてボールペンと適宜使い分ければいい。

加えて、**そこそこ重要と思えるページは下の角を、かなり大事と思えるページは上部の角を三角形に折っておくと〝簡易インデックス〟になる。**

次にその本を読むとき、折ったページから開けばキーワードや重要な文章に一発で辿り着けるし、いい〝復習〟にもなるはずだ。時間のないときには角を折ったページだけ読む、という使い方もできる。ここで、最初に書き込んだ成果が出るわけだ。

余談ながら、こうして私が書いたり折ったりした本は、学生や家族にも重宝がられている。これは当然だろう。

私のチェックした部分だけ読めば、その一冊のポイントをおよそ把握できる。しかも、特に大事なキーワードなどはいっそう目立つようにぐるぐる巻きに囲んだりしているので、〝ポイントの軽重もわかる。つまり、あっという間に効率よく〝読み終える〟ことができるわけだ。

小説で感情理解力を鍛える

スペインリーグのFCバルセロナを見ていると、パス回しが異常に速くて正確だ。これは個々人の技術もさることながら、バランスよく配球できる選手が起点になっているためだ。監督や、会社の場合は上司にとって、こういう現場を任せられる人材はぜひ欲しいはずである。

私の教え子の中にもこういう仕切りのうまい者がいて、たいへん助かっている。ちょっと微妙な人間関係のメンバーが集まる飲み会などでも、その関係性を把握した上で、上手にパスを出したり、ピンチをすり抜けたりして場を盛り上げてくれるのである。

仕切りのうまい人は、**人間関係を読み取る能力を磨くことで、その場の空気をコントロールしているわけだ。この鍛錬の一助となるのが、やはり小説だ。**

たとえば、次の一文は夏目漱石の『それから』の一場面である。

「そんな事をする気なら始めから心配をしやしない。ただ気の毒だから貴方《あなた》に詫《あやま》るんです」

「詫まるなんて」と三千代は声を顫《ふる》わしながら遮《さえぎ》った。「私が源因《もと》でそうなったのに、貴方に詫まらしちゃ済まないじゃありませんか」

三千代は声を立てて泣いた。代助は慰撫《なだ》めるように、

「じゃ我慢しますか」と聞いた。

「我慢はしません。当り前ですもの」

「これから先まだ変化がありますよ」

「ある事は承知しています。どんな変化があったって構やしません。私はこの間から、――この間から私は、もしもの事があれば、死ぬつもりで覚悟を極《き》めているんですもの」

代助は慄然《りつぜん》として戦《おのの》いた。

「貴方にこれから先どうしたら好いという希望はありませんか」と聞いた。

「希望なんかないわ。何でも貴方のいう通りになるわ」

「漂泊――」

「漂泊でも好いわ。死ねと仰《おっ》しゃれば死ぬわ」

代助はまた竦《ぞっ》とした。

「このままでは」

「このままでも構わないわ」

（夏目漱石『それから』岩波文庫）

この部分だけを読んで、「この二人はどういう関係か、夫婦なのか恋人なのか」「この二人には過去に何があったのか」「この二人は、それぞれ次に何をしようとしているか」「二人にはどんな共通理解があって、どんな感情のズレがあるか」といったことを読み取ってもらいたい。

二人の限られた会話の中からヒントを探し、想像力を働かせるため、感情理解力とともに関係理解力も高まるわけだ。

集中して読みたいなら喫茶店へGO

かつて私は、『15分あれば喫茶店に入りなさい。』(幻冬舎)という本を上梓した。その意図は、ただボーッと休むためではない。私にとって喫茶店こそが勉強部屋であり、仕事部屋であり、また読書空間なのである。これは私が一八歳からずっと、いわば人生を懸けて続けてきたスタイルだ。

ふつう学者には、狭いながらも立派な研究室や机が用意されている。だが私は、あの密閉された空間で作業することが体質的に苦手だ。「いかにも勉強している」「仰々しく研究している」という感じになると、心理的に疲れてしまう。

その点、喫茶店やカフェなら適度に人がいて適度に騒々しいため、圧迫感はない。だから、仕事でも読書でもかえって落ち着いてできるのである。

それに、**当然ながら喫茶店に何時間も居座ることはできない。時間が限られているからこそ、その間に何かを集中してやろうという気になる。**たとえば一時間が限界だとすると、二〇分ずつで三冊の新書を読み終えるといった目標が立つ。

小説や雑誌なら、自宅であれ通勤途中であれ、娯楽の一種として積極的に読もうとするだろう。だが新書となると、もちろん娯楽の要素もあるものの、「勉強したい」「知識を吸収したい」という意欲しだいの面がある。

こういう本は、自宅ではくつろぎ過ぎて手に取りにくい。だから喫茶店という空間が意味を持つのである。いわば意欲のスイッチ、またはギアボックスとして利用するわけだ。ややケチなことを言えば、数百円のコーヒー代のモトを取ってやろうという意欲も、その一助となる。

一日の予定に喫茶店に行く時間を組み込む

だから、むしろストレスがかかるような勉強や面倒な仕事、義務的にこなしておく必要のある読書こそ、喫茶店向きと言えるだろう。一日の予定に「この一時間は喫茶店に行ってこれを読む」と組み込んでおけば、気分的にもずいぶん楽になるはずだ。

たとえば私の場合、最近は著書の校正作業でよく喫茶店を利用する。ただの読書とは違って集中力が必要な上、量も膨大なため、自宅で机に向かっているとうんざりしてくる。だから夜間であっても、自宅を出て近所の喫茶店やカフェに作業場を移すのが常だ。

これによってどれほど効率がよくなるか、ぜひ面倒な本や仕事の資料を持ち込んで試してみることをお勧めしたい。もちろん、三色ボールペンやラインマーカーで書き込んだり、ページを折ったりする作業にも適している。

特に最近は、喫茶店でパソコンを使って作業をしている人も少なくない。そういう中に混じれば、何ら不自然さはないだろう。

飲んだら読むな、読むなら飲むな

ただし、**何らかの作業をしようと思って入った喫茶店で、決して手を出してはいけないものがある。携帯電話、とりわけスマホだ。**誰でも経験しているだろうが、これを見始めると、三〇分や一時間はあっという間に過ぎてしまう。さながら「時間吸収機」の様相を呈していると言っても、過言ではない。

喫茶店に限った話ではない。通勤中でも仕事中でも、スマホを見ている人はきわめて多い。動画を見て、ゲームをして、SNSに書き込んで時間が過ぎていく。つまり、情報の漠然とした摂取と身近な人とのコミュニケーションによって、すべての時間が吸い取られていくわけだ。逆に言えば、情報とコミュニケーションは充実した時間を奪う要因になり得るということでもある。

両者の価値を否定するわけではないが、自分の知識や経験として定着させなければ意味がない。いまやスマホがあれば本も新聞も読めるが、そういう使い方をしている人はまだ少数だろう。結局、暇つぶしとして映像や活字を追うだけで、後には何も残らない。これは、誰もが自覚していることだろう。

もちろん、「スマホを持つな」とまでは言わない。私も愛用者の一人である。だがせめて、目的を持って喫茶店に入ったときは触らない、ぐらいの自主規制を課してもいいのではないだろうか。

ついでに言えば、**同じく読書の際に避けるべきは酒である。**仕事帰りに立ち寄るなら、喫茶店より居酒屋のほうが楽しいだろう。コーヒーの代わりにビールを飲みつつ作業をすれば、気分よくできる気もする。あるいは、一杯飲んで帰宅してから本を読もうと考える人もいるかもしれない。

だがこれは、順番が違う。酒を飲んでトレーニングをするスポーツ選手はいない。疲れるし、身につかないし、下手をすると怪我につながるからだ。

読書を脳のトレーニングだと考えれば、そのナンセンスさがわかるだろう。かつて私も試したことはあるが、これは〝荒行〟でしかなかった。緻密な作業と飲酒とは、相容れないのである。

会社でこそ「読書会」を開こう

本で得た知識は、それをアウトプットすることで頭の中に定着する。学生にそういう作業を課していることは、先に述べた通りだ。

また私自身、中学生のころから三〇歳を過ぎるまで、よく友人とタッグを組んできた。同じ本を読んで、その内容について説明し合ったり、コメントを言い合ったりするのである。おかげで、きわめて精度の高い読み方ができたという自負がある。

ただ社会人となると、アウトプットの機会は限られるかもしれない。ならば、そういう場を自らつくってはいかがだろう。「読書会」を開くのである。

むしろ私は、今の会社に〝読む文化〟が根づいていないことが残念でならない。共通のテキストがないから、共通の話題も乏しくなり、コミュニケーションも希薄になる。また、せっかく読んだ本の中身も、いつの間にか忘れてしまう。**「読書会」のような機会があれば、話の濃度が上がるし、その分相互の距離も縮まる。本から引用しながら話し合えば、語彙も自然に増えるはずだ。**

もう一五年以上も前、私は『知識創造企業』（東洋経済新報社）の著書で知られる経営学者で一橋大学名誉教授の野中郁次郎先生とお話しさせていただいたことがある。もともと日本には「型」という文化があり、それを共有することで組織はレベルを保っていた。今の時代も、その必要性は変わらない。潜在的な知を共有する日本的な仕掛けが型である。組織で知識を共有し、創造するというプロセスが大事なのだ……。そんな話のやりとりでおおいに共感し、心強く思った覚えがある。

ところが、知識の共有はますます重要になっているにもかかわらず、知識の共有のための型を持っていない会社も少なくない。それは単に、仕事上で必要な情報を共有するという意味ではない。もっとベーシックな語彙力やコミュニケーション力の共有が足りないのである。人材が以前より流動化し、なかなか企業の文化やカラーが育ちにくいからこそ、ますますこういう取り組みが必要なはずだ。

これはスポーツで言えば、連日試合ばかりを繰り返しているようなものだ。技を磨いたり作戦を練ったり、連携プレーを確かめたりする時間がないから、チームとしてはバラバラになる。当然、これでは勝てるはずの試合も落とすだろう。

たしかに会社は仕事をする場であり、その意味では毎日が試合本番である。しかし、その部分の効率性ばかり求めると、個々人は〝働く屍《しかばね》〟になって痩せてくる。そうなる前に、〝基礎体力〟としての知識の共有が必要なのではないだろうか。

一週間三〇分でコミュニケーション力が高まる

とはいえ、けっして高度なことを要求しているわけではない。最も簡単で効果的なのが、「読書会」なのである。たとえば、**部署内や有志で新書一冊をテキストに定め、週に一度のペースで集まってその本について話し合う。そんな場を三〇分でも持てば、相互の意識が格段に高まることは間違いない。**

イメージとしては、小学校の国語の授業に近い。もちろん事前に目を通してくることは必須だが、前述の通り最低二〇分で処理できると考えれば、さして負担にはならないだろう。

では、「読書会」はどう運営すればいいのか。

全員が読んできている場合、まずそれぞれに気に入った部分や気になった部分を、そのページ数とともに挙げていくのが手っ取り早い。聞く側は、ただちにそのページを開いてチェックする。共感したなら会話が弾むし、見落としていたならその場で勉強することができるだろう。

また、**自分が発表する際は、なるべく社会人としての自身の経験と絡ませて話したほうがいい。**おもしろかった部分をただ要約するだけなら、小学生と変わらない。「そういえば以前、こんなことがあった」「この本の知識を日々の仕事でこう活用できる」といった具合に話せば、聞き手にとっても参考になるし、何より本人の記憶に定着しやすくなる。これが、大人の「読書会」の価値だ。

さらに言えば、実はこういう読書会なら、いい加減な読み方しかしてこなかった人にもメリットがある。各人が挙げるポイントをチェックするだけで、一人で読むよりずっと効率よく中身を吸収できるからだ。ただし、積極的に発言できなかったりコメントが浅かったりして恥をかく恐れもあるが、これは仕方がない。

あるいは、なかなか全員が揃って読んでくるという状況になりにくい場合は、毎回

〝読書リーダー〟のような存在を選任する手がある。誰か一人が責任を持って読んできて、「読書会」の場でその内容を説明するわけだ。

読書リーダーは責任上、より深く読んで自分の言葉に変換して説明しようとする。この時点で、本人にとって有意義な読書になることは間違いない。また聞く側にとっても、短時間で一冊の中身を把握できるから、得した気分になれる。それをきっかけに読み始めたとすれば、何も知らずに読むより、ずっとスムーズに理解できるだろう。

この程度なら、わざわざ「読書会」の時間を設ける必要もないかもしれない。たとえば朝礼の時間を三分だけ延長して、順番で誰か一人が最近読んだ本の解説をする。いわば〝読書当番〟だ。部署の人数に応じて、毎日でもいいし週に一度でもいい。こういう習慣ができると、向上心が共有されて、職場の雰囲気はかなり変わるはずだ。

第5章

日本語の鍛錬 初級

書く力を鍛える

ただ「書く」だけでは上達できない

有名・無名を問わず、ブログで発信する人は多い。それだけ不特定多数を対象に文章を書く機会が増えているわけで、現象としてはたいへんおもしろい。

ブログの落し穴は自己満足に終わってしまうことだ。書いているわりには文章力という点でさして上達していないケースも多い。**文章は「とにかく書き続ければうまくなる」というほど単純なものではない。**

では、何が足りないのか。それは前述の通り、「語彙」である。

伝えたいことがあったとしても、それをうまく表現する言葉を知らないばかりに、伝えられない。文章テクニックを駆使して無理に伝えようとしても、貧弱になってしまう。いわば蛇口が詰まっているようなものだ。逆に言えば、**語彙さえ増えれば書く力も自ずと上達する。**

語彙をどうやって増やすかと言えば、新聞・雑誌、本を読んでインプットした言葉を書いて使ってみるのが王道だ。キーワードやキーフレーズを抽出し、要約してアウトプットできるようにする。ここまでやれば知識も増えるし、覚えた言葉を使うことで語彙も増えるのである。書くのに使おうと思って読むと、言葉が増えていく。

書くことで基礎体力が上がる

よく指摘される通り、日本の大学生は勉強が足りない。勉強時間は小学生より少ないと言われているし、ましてアメリカの優秀な大学生と比べると足元にも及ばない。その結果、高校三年時点では大差はないのに、大学四年時点では知的鍛錬度が圧倒的に足りなくなるのである。

そのまま社会に出ると、ますます勉強の機会は少なくなる。日常に流されると、知的鍛錬の時間を持たなくなるし、またそれを咎《とが》める人もいない。

だが、こういう人は早晩行き詰まるだろう。**どんな仕事でも、情報を分析し、要約し、状況把握してアイデアを出したり見解を述べたりすることが欠かせない。ところが知的鍛錬が足りないと、それが貧弱になる。平たく言えば発言が凡庸《ぼんよう》になるわけだ。**

こういう人を、誰もチームのメンバーとして迎えようとは思わないだろう。

そうならないために、あらためて鍛錬を行う必要がある。その基礎体力づくりとして効果的なのが、「書く」という作業である。もちろん、ブログや友人同士のＳＮＳなどで気楽に書くことではない。読むことで知識を吸収して語彙を増やし、自分の頭で考えて使いこなせるまでになる、ということだ。

以下に、その具体的なプロセスを提示してみよう。

公表された文章は「バカ発見器」になり得る

多くの人が実感している通り、書く作業には集中力が求められる。論理の組み立てや始まり方、終わり方も考えなければならない。だから、頭の訓練になるとともに日本語力を鍛えることにもなる。英作文ができれば英語力はかなりあると考えられるが、それと同じ理屈だ。

加えて、書く作業には常に新しい認識や発想が求められる。**話し言葉なら同じ話の繰り返しもある程度は許されるし、曖昧な情報でもごまかせる。だが文章となると、そうはいかない。一段落ずつ、ないしは一文ずつ新しい展開が必要になる。**それが緩いと、「こんな文章は読む価値がない」「この書き手の思考は浅い」と判断されてしまうのである。言葉は悪いが、いわば「バカ発見器」にもなり得るわけだ。

私は、自分の教え子たちが世間からバカと見なされるのは忍びない。だから大学で毎週エッセイを書くという課題を出している。

もちろん彼らはバカではないから、自分の書いたものに意味がないとわかると自己嫌悪に陥る。ふだん話しているときには気づかなかった、自らの認識力の低さや発想力の足りなさ、語彙力の貧弱さに気づく。それをきっかけとして、「もっと勉強しなければ」という気になるのである。

自分の語彙力の未熟さを実感したときには、いま一度第4章で解説した「読む練習」を習慣にして、語彙力と要約力の土台を鍛えてもらいたい。

主義主張をワンフレーズで言い切る

ちなみに、**書き方のコツとしては、まず主義主張を明言することだ。**「○○は○○だ」とワンフレーズで言い切る形が望ましい。それをタイトルや冒頭の文にする。

もちろん、ここで常識を叫んでも仕方がない。自分なりの、世の中にまだないと思われる着眼点を提示するわけだ。それがおもしろいか否かで、文章全体の価値が決まる。これが決まれば、他の文章はその説明・説得に費やすと考えればいい。これで、一本のエッセイは完結するのである。

言い換えるなら、自分の書くことにアイデアが含まれているか、常に自問自答せよということだ。新しい発見も伝えたいこともない文章は、読み手に苦痛を与えるだけである。そこをいかに練り上げるかが、書く作業のキモと言えるだろう。

実は本を書く作業も、この延長線上にある。二〇〇ページ分の原稿を書くと考えると億劫《おっくう》だが、まず「○○は○○だ」式のワンフレーズを三〇個程度書き出してみる。この時点で細かい説明まで考える必要はないが、単に言い換えただけでは意味がない。

少しずつ角度を変えながら、なおかつ相互に矛盾しないように揃えていく。これが見出しの一つ一つになるように考えていけば、最終的にそれが本になるのである。

私の場合、このワンフレーズを考え出すと脳に〝スイッチ〟が入って、一気に何十個もできてしまうことがある。

おそらく、そうなるのは私だけではない。誰でも熱中してしまうはずだ。一度、試してみることをお勧めしたい。手帳でもスマホでも、思いついたらすぐに書き込む癖をつけてはいかがだろう。

タイトルに主張を込めよう

学生たちに書いてもらうエッセイの中身は基本的に自由だが、必ず提示している条件がある。インパクトのあるタイトルをつけろ、ということだ。論文によくある「○○における○○について」等々では、最初から読む気が失せる。**主張や視点を前面に出し、できれば笑えるようにしてほしいと要請しているのである。**

最初は戸惑う学生たちも、しつこく半年から一年も続けると、しだいに慣れてくる。

〝受け〟を狙うセンスが冴えてきて、まるで大喜利《おおぎり》の様相を呈するのである。つまり、ある程度訓練すれば、誰でも言葉の感覚は鋭くなるということだ。

社会において、その道のプロといえばコピーライターやCMディレクターだろう。たとえば、「ピッカピカの一年生」などで知られるクリエイティブディレクターの杉山恒太郎さんの著書『クリエイティブマインド』（インプレスジャパン）によれば、もともとこのCMのコンセプトは「春が待ちきれない一年生」だったという。それを原点として、言葉を徹底的に練り上げて生み出したそうである。

以前、「裸のマハ」「着衣のマハ」で知られるスペインの画家ゴヤの作品展が東京で開かれたときのこと。そろそろ最終日が迫ってきたとき、それを知らせるために各所に掲げられたポスターのキャッチコピーが話題を呼んだ。

それを紹介する前に、もし自分が担当者だったらどんなコピーをつけるか、ちょっと考えてみていただきたい。

〇月〇日で終了します。ぜひこの機会をお見逃しなく。

要件は満たしているが、これでは事務的でまったくおもしろみがない。およそコピーとは呼べないだろう。

この名画を見逃したら、あなたは絶対に損をする。
この絵があなたの心の中に何を残すでしょう？

これなら少し抑揚がついているが、気が利いているほどではないし、今風でもない。

こういうときに重要なのは、とにかく案を出せるだけ出すことだ。それには、視点をいろいろ変えてみる必要がある。

主催者の立場で「見に来てほしい」とストレートに訴えるのか、客の目線で「見に行かなくちゃ」と言わせるか、あるいはまったく別の視点で切り取るか。いずれにせよ、そういう観点で世の中に溢れるキャッチコピーの一つ一つを眺めてみると、さすがにプロのコピーライターは視点も言葉もよく練っていると実感できるはずだ。

では、実際に使われたゴヤの作品展のコピーを紹介しよう。

私をこのまま帰す気？

「着衣のマハ」の絵にこのコピー、「私をこのまま帰す気？」が入る。つまり、マハの目線で訴えているわけだ。

たしかに寝そべる美女にそう言われては、黙っているわけにはいかなくなる。要件をしっかりアピールし、ちょっとセクシーで、クスッと笑いも起きる。これぞプロのコピーというものだろう。

イメージの広がりはタイトルが九割

もっとも、コピーライターでもない限り、日常的な仕事でこういうコピーを考える機会はまずないかもしれない。だが、言語のセンス自体はどんな職業でも必要だ。

しかも、いまや誰でも企画力が求められる時代だから、その必要性は以前より増している。たとえば、**企画書や報告書にしても、冒頭のタイトルだけで印象は大きく違う。中身はもちろんだが、「顔」の部分をもっと練る必要があるということだ。**

少なくとも「〇〇について」のような無味乾燥なタイトルはNG。キャッチコピーをつくるつもりで、全体の主張を一文で表現するとか、問いかける形にするとか、気を引くような工夫が必要だ。直感的にパッと決めるのではなく、せめて三〜四個の候補を出し、その中から選ぶことをお勧めしたい。

以前、NHKのテレビ番組「小林賢太郎テレビ」に出演させていただいた。小林さんが考えた「言葉ポーカー」という遊びに、ラッパーのKREVAさんとともに三人で興じるという趣向だった（このゲームの模様は、DVD「小林賢太郎テレビ3」に収録されている）。

ランダムな言葉が書かれたカードがポーカーのように一人五枚配られる。五枚のカードのうち三枚を組み合わせ、一つの文章をつくるというものだ。当然ながら、当たり前の文章になってはおもしろくない。いかに読み手の想像力をかき立て、笑いに結びつけるかがポイントだ。

このとき、私は手持ちのカードから次の文章をつくった。

| ところどころ | 馬 | である |

出来はともかく、「じゃあ全体は何なんだ？」と誰もがツッコミを入れたくなるはずだ。

では、あなたに次の五枚のカードが配られたとき、そのうちの三枚のカードでどのような文章をつくるだろうか。

食べる　**初音ミク**　**雑談力**　**とっても**　**９割**

こういう遊びは、いやが上にも想像力をフル回転させるし、頭を柔らかくもする。自ら画像なり映像なりのイメージを描けること、また周囲にそれを伝えられることが〝いい作品〟の条件となる。

これは小説でも言えることだ。抽象的なだけの文章では、誰も頭の中に絵を描くことができない。しかし、たとえば「国境の長いトンネルを抜けると雪国であった。夜の底が白くなった。」（川端康成『雪国』新潮文庫）とあると、それだけで銀世界のイメージが広がる。これが言葉の力というものだ。

俳句は、言葉で描かれた絵だ。情景が浮かぶのが名句だ。

企画書や報告書の類も同様だろう。**タイトルだけで、相手の頭の中に完成図が思い浮かぶ形が理想だ。**そういうことを意識して言葉を選んでいる人が、どれだけいるだろうか。逆に言えば、周囲に差をつけるチャンスということでもある。

本文のキーワードをタイトルに使う

タイトルのセンスを磨くことは重要だが、メールであれ、企画書などであれ、タイトルは中身を反映している必要がある。当たり前のように思えるが、ときどきズレたタイトルに出くわすことがある。

見方を変えれば、中身の要約力が問われるということだ。

タイトルと中身のズレをなくす手っ取り早い方法は、本文から重要なキーワードを三つほど取り出してタイトルに使う方法だ。

かつて東大の国語入試問題には、「自分の言葉でわかりやすく説明せよ」というものがよくあった。この解答の失敗例は、あまりにも自分の言葉に置き換え過ぎて本題からズレてしまうこと。その点、問題に出てくるキーワードを中心に考えれば、さほど遠くに流されることはない。さながら〝錨《いかり》〟のようなものと言えるだろう。

ポイントは、まずさっと全体を一〇秒ほど眺め、どの言葉が重要なキーワードかを見極めることだ。馬を一頭ずつ走らせて一周ごとに交代させるというより、横一線で一斉にスタートさせて競わせ、勝ち馬だけ拾うという感覚である。

時間無制限で見つけ出すとなると、「冒頭からじっくり読んで」ということになりかねない。しかし、最初から「一〇秒」と決めておけば、読める範囲は限られる。自ずと捨てるべき部分も見えてくるのである。

文書はA4一枚に収めよ

学生たちが書いたエッセイは、ゼミの全員で読んで評価し合うことになっている。総勢で二〇人ほどだから、エッセイも二〇本。A4のコピー用紙一枚に収まる程度の長さで、各人が二〇枚コピーして配り、全員のものを一〇～一五分程度で読む。

一本を読むためにかけられる時間は、一分弱。当然ながら、冒頭からゆっくり読んでいるわけにはいかない。ポイントだけを探すことになる。そんな中で敬遠されるのは、文字がぎっしり詰まったようなエッセイだ。書き手の意気込みは称賛されるべきだが、読み手としては適当にあたりをつけて読み飛ばすしかない。その結果、何が言いたいのかわからなかったり、誤読してしまったりするのである。

そこから考えれば、どんなものが好評なエッセイかは明らかだろう。

●適度に改行され、比較的空白が多い。
●ポイントとなる一文だけで一段落になっている。
●ポイントとなる一文の前後を一行分ずつ空白にしている。
●キーワードやキーフレーズが太字や斜字になっている。
●内容を説明するための図を載せている。

このように読む人のことを考慮していれば、ポイントは一発で理解されるだろう。

仕事用の文書であれば、こういう工夫はもっと必要だ。時間のない人にも読んでもらえる文書とはどういうものか、あらためて考えてみる必要がある。

まず、**どんな内容であれ、A４一枚にまとめるのが鉄則だ。**たとえ分厚い資料を用意しても、時間のない人はまず目を通さない。結果的に分厚くなった場合には、一枚に要約したものを一ページ目に付けるのが常識だろう。

その要約も、文章というより、ポイントをせいぜい三つ程度に整理して、簡潔な箇条書きにしたほうがよい。さらに重要な部分の書体や級数を変えたり、下線や傍線を引いたりすれば、パッと見ただけで何が言いたいのかわかるだろう。

いずれにせよ、**文章が浮き立ってくるように書く工夫をすること。中身はもちろんだが、それ以上に〝見せ方〟が重要なのである。**

キーワードを組み合わせる

エッセイを書く学生たちに指示していることが、もう一つある。**必ず本や新聞・雑誌の記事などから引用しろ、**ということだ。

東大の世界史の入試問題などでは、提示された用語の中からいくつかを選び、数百字の文章にして解答するというものがある。

大西洋からインド洋、太平洋にかけて広がる海を舞台にした交易活動は、一七世紀に入り、より活発となり、それにともなって、さまざまな開発が地球上に広く展開されるようになった。それらの開発によって生み出された商品は、世界市場へと流れ込んで人々の暮らしを変えていったが、開発はまた、必要な労働力を確保するための大規模な人の移動と、それにともなう軋轢を生じさせるものであり、そこで生産される商品や生産の担い手についても、時期ごとに特徴をもっていた。

一七世紀から一九世紀までのこうした開発の内容や人の移動、および人の移動にともなう軋轢について、カリブ海と北アメリカ両地域への非白人系の移動を対象にし、奴隷制度廃止前後の差異に留意しながら論じなさい。解答は、一八行以内で記し、必ず次の八つの語句を一度は用いて、その語句に下線を付しなさい。

アメリカ移民法改正（一八八二年）、リヴァプール、産業革命、大西洋三角貿易、奴隷州、ハイチ独立、年季労働者（クーリー）、白人下層労働者

〔二〇一三年東京大学二次試験（前期）世界史〕

私は、この手の問題が好きだ。世界史の場合は事実について記述するから、作文といっても正解はかなり絞られる。これをキーワードを使って文章を書く練習と捉えれば、優れた方法になる。

たとえば、キーワードを五つ用意してエッセイを書くとしよう。落語の「三題噺」ではないが、こういう条件があったほうが文章は書きやすい。話の組み立てがある程度固まるからだ。ゼロから書き起こすというより、五つの言葉をつなぎ合わせる作業に近いので、気分的にも楽なはずだ。

それでいて**言葉をつなぐ順番は書き手の自由だから、そこに個々人の個性が出る。**だから練習になるのである。

書き出しでスタートダッシュを決める

キーワードは何でもいいが、〝作品〟としての価値を高めるなら、やはり本や新聞・雑誌記事から抜き出したほうがいい。前章で述べたように、**線を引いたり囲ったりした言葉やフレーズのうち、特に重要と思われるものを五つ選ぶ。それをつなぎ合わせ**

て文章を書くだけで、自ずと要約文らしきものになる。

一見すると面倒な作業のように思われるが、これは意外と簡単だ。最初から自分の考えを書こうとすると、大海原を小舟で彷徨《さまよ》うようなもので、不安でいっぱいになるはずだ。だから筆も進まない。

しかしキーワードから組み立てていくとすれば、それは島伝いに泳ぐようなものである。安心して大海に飛び込むことができる。つまり、文章を書く際に最も億劫な〝書き出し〟でスタートダッシュを決められるのである。

その感覚は、電動アシスト自転車に近いかもしれない。私は初めてこれに乗ってみたとき驚いた。坂道でもちょっとペダルを踏むだけでグンと加速するのである。周知の通り、自転車は最初の漕ぎ出しが最も力を必要とする。スピードに乗れば、あとは小さな力でも慣性で動いてくれる。その最初の部分をサポートしてくれるのだから、なるほど楽なはずである。そんな〝感動〟を、文章を書く際にも味わえるわけだ。

しかも、引用するのはキーワードだけなので、書かれた文章はオリジナルだ。そこに自分の経験や意見を織り交ぜれば、出来はともかく個人の作品になることは間違いない。

つまり**書くという作業は、読む作業を活用すると、圧倒的にやりやすくなるのである。**このノウハウを駆使して相応の文章が書けるようになれば、大人の文章力としてはほぼ満点だろう。どんなものを書く場面においても、さほど困ることはないはずだ。

読書ノートに引用文をストックする

さらに、キーワードのみならず一文を引用すれば、読み手にとってお得感が増す。むしろ引用する文章から書き始めれば、勢いがついて書きやすいかもしれない。そこに切れ味のいいタイトルをつければ、ますます人の目を引く。ここまでやれば、もう立派な作品である。

なお、**本のキーワードや一文を頻繁に引用するなら、ふだんから「読書ノート」をつけておく手もある。**

たとえば、武田鉄矢さんは話の中に引用を入れるのがたいへんうまいが、その秘密は大きめなスケッチブックにある。番組でご一緒したときに見せていただいたが、読んだ本について、その要約や感想がページいっぱいに書き込まれていた。これは昔からの習慣で、おかげで自宅にはスケッチブックが山のように積み上がっているらしい。そうやって「引用したい文ストック」をなさっているから、人に話す際にも引用やコメントがすぐに出てくるのである。

昨今、読書ノートをつけている人は少ないかもしれない。だが、つければ有用であることは間違いない。スケッチブックを使うかどうかは別として、パソコンやスマホを使ってささっとメモするぐらいはできるだろう。簡単に要約して引用やコメントを書いておけば十分だ。

これによって、知識もさることながら語彙も頭の中で定着しやすくなる。そのストックが増えれば、語彙も増えることになる。いちいち本を引っ張り出さなくても、ノートを見て文章が書けるようになるわけだ。

書き手としてのエキスパートを目指すなら、こんな努力も欠かせない。

「コボちゃん」で状況説明能力がわかる

『国語のできる子どもを育てる』(講談社現代新書)の著者で、二〇一六年に亡くなった工藤順一さんは、学習塾「国語専科教室」で、小中高校生を対象にたいへんユニークな授業を展開されていた。『読売新聞』に連載されている四コマ漫画「コボちゃん」を、二〇〇字程度で要約するというものだ。

ただし、セリフをそのままカギ括弧で引用してはダメ。あくまでも客観的に描写することが条件だ。そして〝オチ〟まで書いて、それを読んだ人がオチに納得できれば合格となる。ご著書によれば「コボちゃん」は〝オチ〟がしっかりしているため、書き手の力量が大きく問われるらしい。

「コボちゃん作文」を小学校で実践した先生もいる。私も私塾で子どもたちを相手に実践させてもらったことがある。その結果わかったのは、これがきわめて効果のある勉強法だということだ。たしかに、上手・下手の差が極端に出るのである。

ここで問われるのは、状況説明能力だ。本や記事を要約する場合とは違い、見出しやキーワードは存在しない。どんな言葉を使って説明するかは、書き手の裁量に任されるわけだ。その意味では、きわめて高度な課題と言えるだろう。

考えてみれば、これは社会人にとって必須の能力だ。たとえば報告書を書くにしても、すでに活字になっているものを要約するより、自身の置かれた現状や経験をまとめることのほうが多いはずだ。ならば、大人もこの能力を鍛える必要がある。

二〇〇字といえば、一行を四〇字としてわずか五行。出来はどうであれ、さして時間はかからないはずだ。五〜六個でも試してみれば、どの言葉を選んで状況を説明すればいいか、だんだん勘どころがわかってくるだろう。

ちなみに以前、私が出演したテレビ番組「人生が変わる1分間の深イイ話」の中でも、たまたまこの工藤さんの話が紹介された。同じく出演されていた今田耕司さんによると、「これは芸人がネタを話すときにも重要」とのこと。状況をかいつまんで話し、さっと〝オチ〟に持っていく説明能力が欠かせないそうである。

たしかに、**説明が下手な人の話はまず笑えない**。「自分が『〇〇』と言ったら相手が『〇〇』と言って……」とすべての会話を再現するように話すのはその典型で、聞かされる側にとっては要点が摑みにくい。どれほどおもしろい話でも、その時点で台無しだろう。

「事実」と「主張」を明確に分けよう

ここまで、新聞・雑誌や本から引用して書く方法と、状況を説明するために書く方法について述べてきた。**いずれの場合も重要なのは、引用・説明の部分と、個人的なコメントの部分を明確に分けるということだ。**

特にビジネス文書なら、文章の体裁にこだわる必要はない。引用・説明の部分を枠で囲んだり、箇条書きにしたり、書体を変えたりすれば、レイアウト的に容易に分けられる。あるいはデータをもとにした文章をまとめた後、罫線を引いて文字通り一線を画し、以下に「個人的な見解」として書く手もある。

こういう文書をつくると、**読み手に「書き手の頭の中はよく整理されているな」という印象を与えることができるのである。**

逆に事実と意見が渾然一体となった文書は、書き手にとって不利になる。そもそも読みにくいし、せっかく事実を積み上げて書いても、「個人的なバイアスのかかった見方」と受け取られる可能性がある。あるいは書き手の意見を事実として誤解される恐れもある。意図的に読み手の誤解を誘おうとしているのか、と勘繰られるかもしれない。

いずれにしても信用に関わるわけで、書き手にとって本意ではないだろう。

だが私の知る限り、こういうことを意識している人は意外と少ない。とりわけ問題なのは、自分のミスを報告するときだ。ひたすら謝るばかりで、事情がよく摑めなかったり、打開策が欠けていたりすることはよくある。

あるいはもっとひどい場合には、事実を勝手に解釈して言い訳に終始したりする。どれほどごまかそうとしても、詭弁《きべん》はすぐに見透かされるのである。

ここで重要なのは、まず事態の重大性をしっかり認識している、というアピールだ。だから感情を排して事実関係を述べる必要がある。

この部分さえ明確に書いてあれば、読み手は「しっかり反省している」「同じミスは二度としないだろう」と判断できる。さらにひと呼吸置いて反省の弁を述べれば、反省文としての体裁は整う。あとは、本人の行いしだいである。

社内の書く文化が知的水準を高める

ところで、反省文はともかく、私はもっと社内や部署内で文書のやりとりが頻繁であってもいいのではないかと思っている。

たとえば、自分が読んだ新書が仕事に役立つと思えば、単にその本を紹介するのではなく、ここまで述べてきたように要約し、引用し、自分なりのコメントを添えてレポートに仕立てて同僚に配る。

もちろん、せいぜいＡ４一枚程度で十分だ。もともと同じ仕事をしている仲間だから、問題意識も共有しているはずである。その意味では、たいへん重宝がられるのではないだろうか。

昨今は有名・無名を問わず、メルマガを発行している人が少なからずいる。もちろん宣伝や告知が中心で、記事も不特定多数が対象だ。それでも、中には興味をそそられるものもある。まして、よく知っている同僚向けにレポートを書くとすれば、より高い確率で有意義なものになるに違いない。

社内の書く文化が人を育て、知的水準を引き上げる土壌になるのである。

「話すように書く」も使いよう

ところで、文章を書く際のアドバイスとして「話すように書け」がある。これには賛否両論あるが、心理的距離の近い人とのメールのやりとりなら奨励したい。親しい相手に対し、声が聞こえてくるような書き方をすれば、それは立派なコミュニケーション技術である。

これには、大きく二つの側面がある。

●相手との距離を縮めることができる。

●臨場感を演出できる。

書き言葉は、どうしても肩肘張った形式的な文言になりがちだ。これでは、親しみの感情は伝わりにくい。

しかし、**書き言葉の文章の中に話し言葉が混じっていると、読み手は緊張がほぐれてホッとできる。つまり、相手との距離を縮めることができるのである。**

たとえば、文末をオーソドックスに「です」「ます」だけではなく、「ですけど……」「思いまして」「ですね」などとする手がある。

書き言葉としては中途半端でおかしいが、話し言葉ならよくある。お互いによく知っている間柄のメールなら、この程度は許されるだろう。多少砕けた感じを出すことで、近しい関係であることをアピールするわけだ。

もう一つの側面は、臨場感を演出できることだ。大学で学生が何らかのトラブルを起こしたとき、私もそれに対処するために同僚の先生方と一斉メールで意見交換をすることがある。そういうときは短時間で対処法をまとめる必要があるため、いちいちかしこまった言い方などしない。

「こんな方法でどうですかね?」「ここまでやると危険でしょうか?」といった感じでコンセンサスを得ていくのが常だ。

これらは、けっして乱暴な言い方ではない。ふだんの会議の席上で交わしそうな言葉を、そのまま文面にしているだけだ。**これなら言い回しを細かく考える必要がない**

から時間の短縮になるし、オンライン会議のような気分にもなる。結果としてチームワークの形成にもつながるのである。

いずれにせよ、書き言葉だからといって杓子《しゃくし》定規に考える必要はない。若い人は仲間内のＳＮＳなどですでに実践しているだろうが、話し言葉の文体はビジネスにも転用可能なのである。

カジュアル文体で差をつける

ただし、いくら親しい間柄でも、仕事上のメールなら話し言葉ばかりで書いてはいけない。**相手が誰であれ、ある程度の距離感を保つことは不可欠である。**このあたりをわきまえなければ、「精神的に幼い」と見られてしまうだけだ。

そこで重要なのは、フォーマル系の文章とギアチェンジのように使い分ける技術を持つことだ。

先ほどは貴重なお時間を割いていただき、ありがとうございました。○○さんのおかげで、もやもやが晴れてスッキリしました。A社の要求をどうするか、まずは上司に報告して社内で検討しようと思います。ただ、納期については了承を得られそうですが、単価の引き下げは厳しいかもしれません。いろいろとご面倒をおかけしますが、今後ともよろしくお願いいたします。

このメール文のように、冒頭の挨拶や返事は堅い書き言葉で簡潔にまとめ、その後で「○○さんのおかげで、もやもやが晴れてスッキリしました」などと、相手に会ったことで自分の心が変化したことを伝える表現で感情的な共感を得る。そして末尾はまた、「いろいろとご面倒をおかけしますが、今後ともよろしくお願いいたします」などとフォーマルに締める。こういうサンドイッチパターンが基本だろう。

これは、そこそこ格式の高いパーティに出席するようなものと考えればわかりやすい。いくら案内状に「カジュアルな格好でお越しください」と書いてあったとしても、ジーンズとTシャツで出かけるのはマナー違反だ。こういう場のカジュアルとは、せいぜいノーネクタイにジャケットぐらいが限度だろう。

仕事のメールも同様だ。いわば〝カジュアル文体〟を心がけるぐらいで、ちょうどいいのである。

ふだん読んでいる本やコラムの文章を教材にする

では、〝カジュアル文体〟とはどういうものか。これを知るには、文章のプロである作家の書き方を参考にするのが手っ取り早い。

たとえば町田康さんや森絵都さんは、エッセイや小説の中で、難しい言葉と柔らかい文体を織り交ぜながら書く工夫をされている。次の文章は森さんの小説の一部だが、どこにでもあるような日常から、ある瞬間に気づいた感情を巧みに描き出している。努力だけではこの境地に辿り着けないだろうが、こういう文章を読めばいい刺激になるはずだ。

「ボールよりも夢を追いかけたい、なんてね。マジ許せない」

「勘当もんだよ、勘当」

母親の一人が乾いた笑い声を立てながら「でも」と言い添える。

「でも、許しちゃうんだろうな」

「うん。許しちゃうんだろうね」

そうだ許しちゃうんだろうこの人たちは、と突如、影と影とが重なりあうように、彼女たちの心と私のそれとが同化した。今のこの一瞬——夕映えになまめくグラウンドで、調子に乗って羽目を外して動物みたいにじゃれあって、生まれたてみたいなくしゃくしゃの笑顔を風にさらしている、このたった一瞬を思いだしただけでも、この母たちはきっと数年後の彼らをいとも簡単に許してしまうのだろう、と。

黄昏《たそが》れゆく空に刃向かうようにグランドを駆けまわる、砂煙の向こうの少年たちがにわかに輝きを増して、なぜだかひどく貴重で得難い光景を前にしている思いがして、うるわしいのに切なくもあって、私はシャッターのように瞼《まぶた》をゆっくりと降ろしては、また開く。


（森絵都『架空の球を追う』文春文庫）

エッセイストの辛酸なめ子さんも、人物としての独自性もさることながら、日本語の使い方が非常にうまい。常に読者を楽しませようと工夫されている様子がうかがえる。

『週刊文春』の連載などで知られる哲学者の土屋賢二先生の文章も、整った文体でありながら、読者に語りかけてくるような柔らかさとユーモアに満ちている。まさに大人の文体であり、軽みの境地である。

妻の友人の中年女が電車で三人分の空席の真ん中に一人で座っていると、後から乗ってきた二人連れの中年男が、どっちかに寄ってくれと頼んだ。だがその女は、男の態度が失礼だったため「イヤです！」と断ったという。

類は友を呼ぶと言うが、まるで妻がとるような態度だ（実際は妻がやったのかもしれない）。妻は、わたしの丁重な頼みを平然と断るから、わたしの言動あるいは存在あるいは収入を失礼だと思っているのだろう。

それほど礼にこだわるお前は孔子か？　尊敬すべき夫が礼を尽くして「新聞をとってきてくれ」「代わりに大学の会議に出てくれ」と頼むのを言下に斥《しりぞ》ける方が失礼だろう。お前はいろいろなことを「失礼だ」としょっちゅう怒っているが、自分のどこにプライドをもてるのか。わたしがお前なら自分に悲観して出家するところだ。

（土屋賢二『貧相ですが、何か？』文春文庫）

言い換えるなら、ふだん読んでいる本やコラムの文章を〝教材〟にするということだ。単に「おもしろい」と思うだけではなく、「うまい」と感心する視点も持つ。そこから、「どうしてこううまく書けるのか」「自分にこういうものが書けるか」と考える癖をつけると、書き方の勘どころがわかってくるはずだ。

ユーモア感覚を意識する

カジュアル文体を書くポイントの一つは、「笑い」の感覚を意識することだ。仕事上のメールにしても、ただ要件を伝えるだけではなく、相手がクスッとするような一文を入れる。こういう心構えを持っている人は、なかなかいないのではないだろうか。

笑いを取るということは、日々日本語力を磨くことであり、サービス精神を持つことであり、すべってもへこたれない勇気を持つことでもある。それができる人は、人間関係をコントロールできる人として周囲からも認められる。ふだんの会話において、これは誰もが多少なりとも意識していることだろう。

同じことが、書くという行為についても言えるのである。笑いを取れるように書ける人が少ない分、マスターすれば間違いなく「仕事ができる人」と思われるはずだ。しかもそれは、国外でも通用する。

「ウィットに富んでいる」「ユーモアに溢れている」「エスプリが効いている」など、さまざまな評価の仕方があるが、人を楽しませることが、国際的には知性の証なのである。そのセンスによって、能力の〝水準〟が測られるわけだ。

無理に敬語を使おうとしない

文章を書く技術は、そう一朝一夕に上達するものではない。ただ、気をつければただちに改善できる部分もある。その一つが、敬語の使い方だ。

とりわけメールなどの文面で、尊敬語と謙譲語の間違いに出くわすことはきわめて多い。

ご拝読いただけましたでしょうか。

こうした文言が書かれているメールや手紙をときどき受け取る。そのたびに、いたたまれない気分になってくる。

もし書いた本人に指摘してあげたら、ひどく赤面することだろう。それとも、なぜ？というような顔をするのだろうか。

「ご」をつければ何でも尊敬語になるわけではない。「拝読」は謙譲語。この言葉を使った時点で、相手を自分より低く見ていることになってしまう。

この場合、**「ご高覧いただけましたでしょうか」**なら合格だ。

こんな間違いもよくある。

とんでもございません。

「とんでもない」をできるだけ丁寧な表現にしたいという意思の表れだろうが、これも間違い。「とんでもある」という言葉がないことからわかるように、「とんでもない」で一つの形容詞だ。

丁寧に書きたいなら、**「とんでもないです」**とするのが正しい。

たしかに敬語の使い方にはややこしい面があって、思い込みや気の遣い過ぎでミスをしやすい。多少でも不安を覚えたら辞書やネットで調べてみるとか、代表的な表現を覚えておく。あとは、無理をせずにシンプルな表現にとどめることも一つの方法だ。

対義語を使って視点を変える

敬語よりも簡単に、ちょっと工夫するだけでうまく見せるようなコツも存在する。いくつか紹介しよう。

1. 対義語

対義語を使うと、視点を変えることができる。たとえば、「主観的にいえば〜だが、客観的には〜になる」という言い方をすれば、ものごとを複眼的に捉えているような印象になる。

実際、「主観」「客観」という対義語を使うことを前提にすれば、自分の観点を整理することができるはずだ。

2.「立場」

「顧客の立場からすると」「売り手の立場として」といった言葉を前置きに使えば、論旨の視点が定まるため、読み手にも伝わりやすくなる。

3.「マクロ」「ミクロ」

「マクロ的な視点から見ると」「ミクロの部分に着目すれば」といった具合に使うと、少し〝できる人〟風に表現できる。

4.「肯定」「否定」や「ポジティブ」「ネガティブ」

「肯定的な評価としては○○がある。否定的な評価としては○○がある」と両面を押さえられる習慣をつければ、冷静でバランスのいい文章になるだろう。

要は、**常に自分の立脚点を明らかにするよう心がけるということでもある。**ものごとには、さまざまな見方や伝え方がある。その中で、どの角度から光を当てるかを常に意識すれば、自分自身のものの見方の訓練にもつながるはずだ。

大人の文章は語尾に感情が表れる

言葉の中には、話し言葉の中にはほとんど登場しないものの、書き言葉になるとよく使われるものがある。とりわけ語尾については、「という感がある」「の可能性も否定できない」など、微妙な言い回しがいくつもある。**その一文が断定なのか推測なのか、あるいは希望なのか不安なのか、書き手の意図が語尾に込められるのである。**

メールなどでも、この使い分けは重要だろう。相手に何かを頼む場合、「〜していただければ幸いです」あたりがオーソドックスだろうが、もう少し強く言いたいときには「ぜひ〜をお願いします」などとなる。

つまり、語尾を読めば、相手の感情を読み解くことができるのである。

余談ながら、学生時代に私の友人は授業料を滞納し、大学から再三にわたって督促状を受け取った。こういうものにも段階があるらしく、最初の差出人名義は学部長あたりだが、次に学長、さらに放置したら文部省（現・文部科学省）から来たという。それにともなって、文面もしだいに厳しさを増したそうである。

早々に払えばいいものを、彼はここでひらめいた。督促状から差出人名義と日付を消し、アルバイト先の学習塾に持参して、「どういう順番で来たか並べてみよう」という問題に仕立てて生徒に考えさせたのである。似た問題をつくってみた。

ア　授業料未納のため除籍の手続きをとらせていただきました。○月○日までにお振り込みいただければ復籍の手続きをとらせていただきます。

イ　授業料の振り込み期日は○月○日です。期日までに授業料が未納の場合、除籍の手続きをとらせていただくことがあります。

ウ　授業料の振り込みが遅れています。ご確認ください。

エ　授業料未納の件、ご確認いただけましたでしょうか。

大人の世界では、本当に怒ったり切羽詰まったりしているときでも、「ふざけるな」「いい加減に払えよ」などという文章は書かない。そういう本音を丁寧な言い方で包み込み、なおかつ感情も伝わるように工夫する必要がある。

このあたりは語彙の問題でもあるが、やはり語尾によって印象は大きく変わる。右のア〜エで言えば、当初は「授業料の振り込みが遅れています。ご確認ください」程度だったとしても、最終的には「期日までに授業料が未納の場合、除籍の手続きをとらせていただくことがあります」と事実や断定口調で押してみたりする。文章は丁寧だが、書き手の心の叫びが伝わってくる。「退学させられたくなければ、さっさと授業料を払え！」

このように、こうした文章には、タイミングと度合いが大事なのである。そのグレードを操れるようになれば、こうした文章としてはとりあえず及第点と言えるだろう。

感情を表現する便利な言い回し

自分の感情を表現する際、単純に覚えておくだけで使える便利な言い回しもある。たとえば「○○してもらえると嬉しいです」と書くよりは、「○○していただければ幸甚《こうじん》です」のほうが大人っぽく見える。「感動しました」よりは「感慨にふけりました」「感銘を受けました」のほうが重厚な感じがする。こういう言い回しは、知識としていくつか持っていれば使い勝手がいい。

自分の感情を表現する大人の言い回し

光栄に存じます。
恐縮しております。
厚くお礼申し上げます。
敬服申し上げます。
ご同慶の至りに存じます。
お恥ずかしい限りです。
弁解の余地もありません。
肝に銘じます。
断腸の思いです。
心苦しい限りです。
困惑しております。
ご容赦ください。
お役に立てず残念です。
胸中お察しします。

お悔やみ申し上げます。

あるいは「遺憾」もたいへん便利な言葉だ。明確な感情を伝えにくい場面で、なんとなく煙《けむ》に巻くことができる。政治家が外交問題などで発言する際によく聞くが、それもうなずけるところである。

一部には「政治家はもっと強く自らの意見を言うべきだ」という声もあるが、私はそうは思わない。「遺憾です」の政治的な効用はきわめて大きい。たとえば外交で「あり得ない」「許せない」などと発言すると、相手を刺激して問題を大きくしてしまう恐れがある。それを「遺憾」という言葉に閉じ込めるからこそ、意思を伝えつつ、関係性を保つことができるのである。

その意味では、仕事でもけっこう使えるのではないだろうか。顧客や取引先とのトラブルが起きたとき、文書であまり感情的な言葉を使うと、言質《げんち》を取られて会社に不利益をもたらしかねない。穏当で無理のない表現を心がける必要がある。その際の候補として、「遺憾」は重宝なはずだ。逆に言えば、もし「遺憾です」と書かれたメールをもらったら、送り手は相当怒っていると考えたほうがいいだろう。

社内に「定型文」のデータベースをつくろう

メールであれ、手紙であれ、会社として対外的に送るビジネス文書には、いくつかの種類がある。「依頼状」「礼状」「催促状」「断り状」、それに「謝罪文」などだ。

当然ながら失礼があってはいけないから、書く際には神経を使う。だが一方、**業界や会社によって書き方のパターンはだいたい決まっているから、それを会社の「定型」として覚えておけば、ずいぶん楽になるはずだ。**

とはいえ、ワンパターンというわけにもいかない。シチュエーションや相手との関係ごとに、使うフレーズも違うだろう。ならば、そのバリエーションも含めて会社として蓄積してはいかがだろう。

かつて手紙が文書のやりとりの主な手段だった時代には、時候の挨拶がある種の定型で、季節ごと、相手との関係ごとに使い分けるのが常識だった。今はメールの時代だから、時候の挨拶はあまり重視されない。その代わり送り先は多様になり、もっと踏む込んだ話もできるようになった。

書く側にとっては、ある意味でむしろストレスが増えているのかもしれない。そこで蓄積がものを言うのである。

たとえば礼状にしても、シチュエーションごとに定型を用意しておけばよい。ところどころ空欄にして、自分の事情をはめ込めばいいだけにしておけばもっと便利だ。もちろん、毎回同じ礼状を送るわけにもいかないので、定型そのものも複数ストックしておく。適宜使い分ければいいのである。

これは、個人単位で行う作業ではない。社内や部署内で必要な文書は共有できるから、組織単位でデータベースをつくったほうが効率的だ。そこから各人が必要に応じて自分のパソコンに取り込み、手を加えたり省いたりしたものをフィードバックする。これでデータベースはよりバリエーション豊かになっていくはずだ。ゼロの状態から書き起こすより、時間も労力もずっとかからないだろう。

ただし、**いくらでも改変できる分、チェック体制も必要だ。定型に手を加えた文書は、必ず部署内の誰かに確認してもらうというルールをつくったほうがいい。**この作業を繰り返すと、しだいにどういう文書を書けばいいのか、どんな書き方がいけないのかもわかってくる。効率のいい実践的な学習法だ。

基本的に学生は定型文章を持っていないから、妙な言葉づかいになったり、市販のマニュアル本通りの文面になったりする。社会人はその優位性をかみしめつつ、自らもデータベースの充実に貢献できるよう努めてみてはいかがだろう。

第6章

日本語の鍛錬 中級

話す力を鍛える

大人の話し方には訓練が必要

いくら仲間内でのおしゃべりが得意でも、それが仕事でも活かされるとは限らない。大学では常に話題の中心にいる学生でも、採用面接で落とされることはザラにある。**大人の世界でうまく話すには訓練が必要**——そう認識している人は、意外に少ないのではないだろうか。

仕事で必要な話し方とは、的確に相手の質問に答えたり、自分の意見や経験値をきちんと伝えたりすることだ。ある企業の人事部長にお話を伺ったところ、面接でチェックするのは「本音を自分の言葉で語れるか」だと言う。もちろん、すべて腹を割って話せばいいというわけではない。どうすれば会社の利益につながるか、自分の考えをロジカルに伝えることが大事なのである。

もちろん、その土台となるものは、読む力、書く力を鍛えることで蓄えた大人の語彙と要約力である。いくら自分の考えをすらすらと話すことができたとしても、薄っぺらな言葉を羅列しているようでは、大人の話し方ができる人とは認められない。

ただし、大人の語彙力を蓄えても、要約力を磨いても、それだけでうまく話せるようになるわけではない。読む力、書く力が話す力のもとになることは確かだが、話す力を鍛えるにはもう一つ重要なことがある。それは時間感覚だ。

どんな話も「一分」にまとめよう

かつて、私は『1分で大切なことを伝える技術』（PHP新書）という著書を上梓した。タイトル通り、どんな話でも一分にまとめて話す方法を説いたものだ。

一見すると、無謀に思えるかもしれない。実際、訓練していない人が試してもうまくいかない。ところが、ある程度回を重ねると、見違えるようにうまくなる。要するに、**訓練さえすればできるようになるのである。**

むしろ私から見ると、日本人はなぜこういう基礎的な訓練を学校で行ってこなかったのか、不思議な気さえする。

たしかに日本は、コミュニケーションというものを教育の一環として位置づけてこなかった。「スピーチ」を「演説」と訳したのは福澤諭吉だが、逆に言えば、明治初期まで演説の概念はなかったわけだ。話に「一分」という時間の単位を持ち込まなかったことがスピーチ下手の原因だと私は思っている。

これは、「書く」という作業と比較すればわかりやすい。

前述の通り、ビジネス文書はせいぜいA４一枚が限度だ。どんな内容であれ、その範囲内に収めなければならない。**本来、「話す」という作業にもこういう範囲が必要だ。それが「一分」なのである。**

仮にこれが「三分」では、長過ぎる。最初の一分までは見通せても、残りの二分は不透明になる。それを明確にするには、あらかじめ三分に合わせた原稿を書いて読み上げるしかない。だがそれは結婚式のスピーチのようなもので、ライブ感が失われる。生きた言葉ではないため、聞く側が興味を失ってしまうのである。

もちろん、原稿の読み上げが必ずしも悪いというわけではない。たとえば「We can change」で脚光を浴びたオバマ前米国大統領のスピーチも、優秀なスタッフが練り上げた原稿をライブ感たっぷりに読んだものだった。

そこまでできるのなら問題はないが、大統領並みのスタッフを揃えられる人も、暗唱を即興で語っているようにパフォーマンスできる人もまずいない。だから私たちは、どんな話であれ、最長一分でひと区切りとすべきなのである。

ポイントを三つ用意せよ

試みに、手元にストップウォッチを用意して、一分を目処《めど》に得意分野の話をしてみていただきたい。時計は不可。時計は現時刻を示すだけで、時間を切り取ることにはならないからだ。

ストップウォッチを「〇・〇〇」からスタートし、一〇〇分の一秒単位で液晶の数字が高速で走るからこそ、時間を気にするようになるのである。

私の経験則によれば、多くの人は四〇秒程度で話が尽きてしまう。一分をオーバーする人は少数だ。それは内容の薄さもさることながら、事前の準備不足が主な原因である。

そこで次に、あらかじめポイントを三つ用意してみていただきたい。一つの話に一五秒ずつかけ、簡単な前フリとまとめを加えると、誰でもちょうど一分程度で終えることができるのである。

- **●前フリ　七〜八秒**
- **●ポイント1　一五秒**
- **●ポイント2　一五秒**
- **●ポイント3　一五秒**
- **●まとめ　七〜八秒**

これはある意味で、人に話をする際の礼儀でもある。「重要な点は三つある」「第一に〜」「第二に〜」「第三に〜」という話し方をすれば、相手にもわかりやすい。ただし、かといってポイントを四つも五つも用意すると、逆に何が大事かわからなくなる。

なおこのとき、わざわざ原稿などをつくる必要はない。キーワードを三つ並べたメモなどがあれば十分だ。それをチラ見しつつ、間を空けずに話を続ける。これで「よく整理されているな」という印象を与えることができるのである。

ポイントを明確にして短く切り上げる

先日、自民党に招かれて総勢二〇〇名の国会議員・地方議員の方を対象に「コミュニケーション技術」をテーマにセミナーを行ったときも、基本的にこれと同じ話をした。

議員ともなれば人前でスピーチする機会がきわめて多いが、それが長過ぎて嫌われるケースが少なからずある。それではかえってイメージを悪くするだけ。そこで、場に合った話題のポイントを明確にしてなるべく短く切り上げましょうと呼びかけた。

たとえば演説会などでも、あらかじめ持ち時間は決まっているはずなのに、それを平気でオーバーしてしまう人がいる。特に中堅以上、とりわけ重鎮と呼ばれる議員ほどこの傾向が強く、おかげで新人議員の持ち時間はほとんどなくなったりするのである。

だから、まずは時間感覚を磨くために、ストップウォッチを持ち出して「一分スピーチ」の練習をしていただいた。テーマは経済状況でも外交問題でもOK。どれほど大きな問題でも、一分で説明してみましょうと促した。

ただしいきなりではなく、次のステップをワンセットとして取り組んでもらった。

●ポイントを三つ抽出し、それぞれ一五秒程度で述べてもらう。
●慣れてきたら、四人一組になり、一人に三人へ向けた一分スピーチをしてもらう。
●その四人の中で最もよかったと思う人を投票で選んでもらう。

さすがに全員スピーチには慣れているだけに、ちょっと練習しただけで「一分」の感覚を身につけられた。一分がいかに長いか、どれだけ情報量を詰め込めるかがわかれば、一分感覚が備わってきたと言える。

一分を基準に意味の含有率を高める

世の中には、放っておくと一〇分でも二〇分でも話し続ける人が少なからずいる。それは、いわば〝ダラダラのゾーン〟に入ってしまうからだ。

「中身のあることを話そう」とか「意味の含有率を高めよう」という意識を持たなければ、誰でも長く話すことはできる。だが多くの場合、それは聞き手に苦痛を強いるだけだ。そうならないためには、意識改革と訓練が必要なのである。

最初から「一分しかない」と思っていれば、無駄話は削るし、簡潔に伝えようと頭を使うし、最後まで話し切ろうとするために早口にもなる。これによって意味の含有率が高まるわけだ。

与えられた時間が三分になっても、含有率を下げてはいけない。話す中身も三倍にする。一五分なら一五倍にする。そんな意識を常に持ち続けることが重要だ。

「一分」が長いと感じるなら、「三〇秒」にして二つのポイントを用意してみる手もある。テーマとしては、その日に読んだ新聞記事などが格好の材料になるだろう。それを自分なりに咀嚼《そしゃく》して、整理して、自分の言葉で人に伝えてみるわけだ。

池上彰さんのご活躍ぶりでもわかるように、私たちはよく整理された話を好む。ややこしい問題をかみ砕いて三〇秒で解説してくれる人がいれば、確実に周囲から有用な人物として一目置かれるだろう。

リーダーに求められるファシリテーター力

もともと日本は、いわゆるカリスマ型リーダーが育ちにくい。

優秀な人材の宝庫とされてきた東大法学部にしても、主眼は官僚養成であってリーダー養成ではない。東大入試をクリアする能力と官僚的な能力は一致しているため、東大出身の官僚が多かったのは当然なのである。

しかし組織のリーダーになったり、起業して弱肉強食の世界を生き残ったりするのはまったく別の能力だ。

これに対し、アメリカの大学ではリーダー養成と起業する力を念頭にカリキュラムが組まれていることも多い。特に大学院レベルになると、起業を志す学生が増える。

これがアメリカ経済を下支えしているとも言えるだろう。

だから日本の場合、無理にカリスマリーダーや起業家になろうとしても難しい。それよりも、とりあえず社内の調整役ができる人材のほうが目指しやすい。「この人がいると会議が回りやすい」「議論が整理される」「周囲が落ち着く」と呼ばれる人になるわけだ。これなら、一般的な日本人でも身につけやすい。

そこで**必要なのは、当然ながらコミュニケーション能力、とりわけ簡潔に要点を伝える力であり、他人が延々と話そうとするところを切り上げさせる力である。**「要するに〇〇ということですね。どうもありがとうございました」と途中で割り込めば、誰からも感謝されるに違いない。

ちなみにこういう役割を、「ファシリテーター（進行役）」と呼ぶ。これはカウンセリングなどでも使われるが、人の話をホワイトボードなどで要約・整理しながら、一方で次のテーマを提示しつつ進行していく人を指す。調整能力がものを言うわけだ。

文末を意識して話す

かつて私は、話した言葉を録音して文字化し、そのまま原稿にして本にしたことが何度かある。『ニュートン』初代編集長だった竹内均さんがこれを実践されていたと知り、それならばとチャレンジしてみたのである。

もちろん、ふだん通りに話せばいいというわけではない。最終的には本の原稿に仕上げるのだから、書き言葉を意識して話す必要がある。その方法は大きく二つ。

- **「○○は、○○である」といった具合に、何かを朗読するように話す。**
- **「点」「丸」「改行」などもいちいち言葉にして指示する。**

この作業を通じてわかったのは、自分の言葉が頭の中で活字として再生されること。そうすると、文末できちんと着地しなければならないという気になる。

私たちがふだん話すとき、最後の言葉までイメージすることはまずない。なんとなく自然に任せるのみだろう。しかし**この方法なら、着地点が見えるようになるため、ねじれない話し方ができるようになるのである。**

原稿として残すかどうかはともかく、ぜひ一度、こういう〝不自然〟な話し方を試してみていただきたい。少なくとも、途中で何を話しているのかわからなくなったり、曖昧な表現でごまかしたりはできなくなるはずだ。

「速音読」で速く話す訓練

これはある意味で、本の音読に近い。読んでいる部分しか見ていない人は、上手に読めない。どういう文末になるのか、どんな文章が続くのかがわからなければ、イントネーションをつけられないからだ。

これでは、聞き取りにくくなるだけである。**文章を読む際の視野を「アイ・スパン」と言うが、これを広げることが上手に読むコツだ。**

その練習には、速音読、つまり猛烈に速く音読することが最適だ。

口の動きとともに、目の動きも速くなって、常に次の文章を追えるようになる。それはまるで、現在進行形で読んでいる脳とは別に、もう一つの脳が次を準備しているような状態だ。したがってイントネーションを間違えることもなく、流れのいい日本語として読めるのである。

つまり、速く話す訓練として、速音読はきわめて有効ということだ。試みに、大人の語彙が使われている文章を一ページ分だけ音読してみていただきたい。そうすると、著者が自分に乗り移ったような気になって、ちょっとした臨場感を味わえるはずだ。

申し上げます。申し上げます。旦那さま。あの人は、酷《ひど》い。酷い。はい。厭《いや》な奴です。悪い人です。ああ。我慢ならない。生かして置けねえ。

はい、はい。落ちついて申し上げます。あの人を、生かして置いてはなりません。世の中の仇《かたき》です。はい、何もかも、すっかり、全部、申し上げます。私は、あの人の居所《いどころ》を知っています。すぐに御案内申します。ずたずたに切りさいなんで、殺して下さい。あの人は、私の師です。主です。けれども私と同じ年です。三十四であります。私は、あの人よりたった二月《ふたつき》おそく生れただけなのです。たいした違いが無い筈《はず》だ。人と人との間に、そんなにひどい差別は無い筈だ。それなのに私はきょう迄あの人に、どれほど意地悪くこき使われて来たことか。どんなに嘲弄《ちょうろう》されて来たことか。ああ、もう、いやだ。堪えられるところ迄は、堪えて来たのだ。怒る時に怒らなければ、人間の甲斐《かい》がありません。私は今まであの人を、どんなにこっそり庇《かば》ってあげたか。誰も、ご存じ無いのです。あの人ご自身だって、それに気がついていないのだ。いや、あの人は知っているのだ。ちゃんと知っています。知っているからこそ、尚更《なおさら》あの人は私を意地悪く軽蔑するのだ。あの人は傲慢《ごうまん》だ。私から大きに世話を受けているので、それがご自身に口惜《くや》しいのだ。あの人は、阿呆なくらいに自惚《うぬぼ》れ屋だ。私などから世話を受けている、ということを、何かご自身の、ひどい引目《ひけめ》でもあるかのように思い込んでいなさるのです。あの人は、なんでもご自身で出来るかのように、ひとから見られたくてたまらないのだ。ばかな話だ。世の中はそんなものじゃ無いんだ。この世に暮して行くからには、どうしても誰かに、ぺこぺこ頭を下げなければいけないのだし、そうして歩一歩、苦労して人を抑えてゆくより他に仕様がないのだ。あの人に一体、何が出来ましょう。なんにも出来やしないのです。私から見れば青二才だ。私がもし居らなかったらあの人は、もう、とうの昔、あの無能でとんまの弟子たちと、どこかの野原でのたれ死《じに》していたに違いない。

（太宰治作・齋藤孝編「駈込み訴え」『齋藤孝の音読破2　走れメロス』小学館）

速音読は同時に、語彙の使い方の勘どころもわかるし、テンポのいい話し方の練習にもなる。自分の主張をテンポよく話すことを完成形とすれば、その一歩手前で、著者の主張を借りてスピード感に慣れておくわけだ。

『朝日新聞』の「天声人語」を書き写すノートがよく売れているらしい。語彙を増やすという意味では書く作業は効果的だ。話す力をつけるために、合わせて速音読も習慣にしてもらいたい。

オリジナリティは一％あれば十分

おもしろい話のできる人＝特殊な経験を積んできた人や特異な発想の持ち主、というイメージがあるかもしれない。経験も発想も凡庸であれば、つまらない話しかできない、というわけだ。

だが、**経験や発想が詰まっていそうな本でさえ、著者の一〇〇%オリジナルの創作物ということはまずない。むしろオリジナリティは一%、多くても五%程度で、残りの九五%は先人たちによる蓄積の焼き直しである。**

たとえば独創性の高いニーチェも、やはり前の時代を生きた思想家たちの膨大な著作を読み込み、それをベースにしている。ましてやふつうの人の思考においては、結局、どこが本人の考えでどこが他人の言葉なのか、ほとんどわからないのが実情だ。つまり私たちは、受け売りや借りものを恐れる必要はないのである。

そもそも、言語自体が借り物だ。仮に自分でつくった言語体系で話す人がいたとしても、誰にも通じない。日本語の文法体系は動かしようがなく、たとえいくつか造語したとしても大したことはない。

おもしろい話のコツは、先人たちによる蓄積を組み合わせ、少しだけ味つけをすることだ。まさに料理のようなものと考えればわかりやすいだろう。私たちの多くは、食材をゼロからつくるわけではなく、買い揃えて組み合わせてひと皿をつくっていく。あるいは、そのレシピでさえ既存のものを利用しただけかもしれない。

ポイントは自分なりの味つけ、いわば最後の塩コショウだ。それによって味が決まってくる。

いくつかの材料を組み合わせて自分の文脈をつくるのなら、自分の創作物と呼んでもいいのである。つまりおもしろい話とは、外の情報をうまく取り込み、かつ自分の状況や経験を加味して話すことを指すわけだ。

話すタイミングを逃してはいけない

そして**もう一つ重要なのは、聞き手の状況や全体の会話の流れにも気を配るということだ。**

今、誰を相手に、どういう文脈で話をしているのかを考えなければ「唐突なヤツ」という印象を与える。それがいくらおもしろい話だったとしても、社会性を疑われることになるだろう。

逆に言えば、言うべきタイミングを逃すと、もう一度チャンスが来る保証はどこにもないということである。**タイミングを捉えたら、迷いなく最も大事な話から切り出**

すべきだ。これは私自身、生放送のニュース番組に出演して実感していることだ。

たとえば、だいぶ前のことだが長嶋茂雄さんが松井秀喜さんとともに国民栄誉賞を受賞した話題に触れたときのこと。私としては、長嶋さんについて語り出したら一時間程度はかかるほどの話題を持っていた。もちろん、本番中にそのような時間を取れるはずもないが、多少のコメントを述べる時間はあるだろうと想定していた。

ところが結局、発言できたのは「昭和の太陽みたいでしたよね」のひと言のみ。もう二度とタイミングは訪れなかった。そんな事態も想定して、最初からもう少し気の利いたコメントを述べればよかったと反省したものだ。

テレビ番組ほどシビアではないにせよ、会社の会議などでも似たような状況はよくあるだろう。流れが来たと思ったら、その瞬間に「ここが勝負、チャンスは二度と来ない」と覚悟を決めて発言することをお勧めしたい。もちろん、前置きは不要。出し惜しみせずに最も大事な話から切り込むことだ。

コツは、誰かが話し終わったタイミングを捉え、間髪入れずに話し始めること。誰かと言葉がかち合うことはよくあるが、それは間髪を入れているからだ。その隙間を埋めてしまえば、誰も入ってこられないはずである。

これは、クルマを運転中に右折する感覚に近い。直進してくるクルマをやり過ごしてハンドルを切るわけだが、対向車が完全に通り過ぎてからゆっくり動き出そうとすると、後続の直進車が来てかえって危なくなる。むしろ直進車が通り過ぎるギリギリのタイミングで発進したほうが、結果的に安全に曲がれる。これは運転経験のある人なら、誰でも納得できる話だろう。

あるいは複数人が一緒に跳ぶ「長縄跳び」にも似ている。入るときに引っ掛かってしまうのは、跳ぶタイミングからひと呼吸置いてしまうからだ。縄が地面を叩く寸前にスタートすれば、十分な余裕を持てるのである。

相手の言葉尻に自分の言葉をかぶせる

この感覚は運転や縄跳びと同様、訓練で磨くことができる。たとえば二人一組になり、あるテキストを句読点のたびに交代して音読するのも一つの方法だ。いわば〝キャッチボール音読〟で、相手の言葉尻に自分の言葉をかぶせるように言うのがルールだ。①と②を二人で交互に読む。

夫人　①どうしてそれが出来《でき》ないと？

マクベス　②男《おとこ》の子《こ》ばかり生《う》むがよい！　①その恐《おそ》れを知《し》らぬ気性《きしょう》では、②男《おとこ》しか生《う》めまい。①それなら、②酔《よ》いつぶれた二人《ふたり》に血《ち》を塗《ぬ》り付《つ》けておく、①短《たん》剣《けん》も奴《やつ》らのを使《つか》う、②そうすれば、①人《ひと》の目《め》にも、②そいつらの仕業《しわざ》と見《み》えぬでもあるまい？

夫人　①誰《だれ》がそれを疑《うたが》います？　②こちらは王《おう》の死《し》を嘆《なげ》き、①大声《おおごえ》に騒《さわ》ぎたてているのに？

マクベス　②よし、①腹《はら》を決《き》めた、②体内《たいない》の力《ちから》をふりしぼって、①この恐《おそ》ろしい仕事《しごと》に立向《たちむか》うぞ。②さ、①奥《おく》へ、②そしらぬふりで、①あたりを欺《あざむ》くのだ、②偽《いつわ》りの心《こころ》のたくらみは、①偽《いつわ》りの顔《かお》で隠《かく》すしかない。

（シェイクスピア『マクベス』福田恒存訳、新潮文庫）

ものすごく急かされるが、リズムに乗れば気分もいいし、格好よく聞こえる。そして、どんなタイミングで話に割って入るかという勘どころも掴めるようになるのである。この息の間合に慣れてくると、たとえ自分より目上の人同士の会話にも、割って入れるようになる。

最初は「そうですね」程度の合いの手だけかもしれないが、そのうち「たとえばこういうことですか」と尋ねたり、「こんな話もありますね」と話題を提供したりできるようになる。呼吸の間《ま》を捉え、邪魔にならないようにカットインしていく術を身につけられるのである。

常に一対一のつもりで話す

一対一なら話せても、相手が複数になると緊張して口が回らなくなる、という人は少なくない。たしかに、複数の目線が自分に向いていると思うと圧迫感があるし、不安も募るものである。

その典型例が、教職を目指す学生たちだ。彼らは教育実習でいきなり中学生・高校生四〇人を前にして教壇に立つと、目が泳いでしまうことがよくある。これでは、いくら一生懸命に授業をしても子どもたちは聞いてくれない。

そこで私が彼らにアドバイスするのは、**「たとえ一対四〇でも一対一の線が四〇本**

あると思え」ということだ。一人ひとりにアイコンタクトを送りながら〝各個撃破〟していくつもりで話せば、ずいぶん落ち着ける。これは、コミュニケーションの基本的な考え方でもある。

慣れないうちは、中でも好意的にうなずいてくれそうな人に向かって話すのがコツだ。仮に話す相手が一〇人いたとしたら、一人ぐらいはそんな人がいるだろう。

その人を相手に一本の線をつくって気持ちが落ち着いたら、少しずつ他の人にも目線を合わせていく。そうやって一本一本の線をつくろうとすれば、その気持ちは聞き手にも伝わるものだ。目線を何回か合わせて話してもらった聞き手は、話し手に好感を持つようになるのである。

まして子どもは素直だから、効果はてきめんだ。最初は反抗的だったとしても、その子と目線を合わせて話していると、徐々にその先生のことを好きになる。私はこれを、「意識の線を張る」と表現している。順番に全員に張りめぐらせれば、その先生は人気者にもなり得るのである。

たとえば複数の相手とキャッチボールをするとき、闇雲にボールを投げたりはしない。その前に、誰に向けて投げるのかアイコンタクトを取るはずだ。それによって、キャッチする側も身構える。つまり、相手の意識も目覚めさせることができる。「線を張る」とはこういうことである。

厳密に言えば、意識の線を張る行為と話す行為は別だ。まずは意識の線を張る行為を練習し、その上で話したほうが楽かもしれない。目線のみならず身体ごと相手に向けるようにすれば、意識の線はより太くなるだろう。

聞き手に積極的に問いかけよう

もっと聞き手の意識を目覚めさせたいなら、積極的に問いかける手もある。たとえば私が講演会などでよく行うのは、「これについて賛成の方は拍手してください」「次に、反対の方は拍手してください」などと呼びかけることだ。聞き手は必ずどちらかで拍手するため、参加意識を高めることができる。そうすると、次の話に入りやすくなるのである。

あるいは「子どものころ、馬乗りをして遊んだ方は？」などと問いかければ、拍手の量で会場の年齢層がだいたいわかる。「相手が話している最中に割り込んで話せる方は？」「相手が話し終わるまでじっと待つ方は？」とすれば、ちょっとした〝統計調査〟にもなる。一〇〇〇～二〇〇〇人規模の会場で行うと、データとしてもなかなかのものになる。

かの田中角栄は街頭演説が実にうまかった。雨の日などなかなか人が足を止めて話を聞いてくれないとき、聴衆の一人に「そうでしょう、おばあちゃん」といった感じで声をかけ、その人にだけ語りかけるような口調で政策を説いたりした。そうすると、周囲の人も興味が湧いて聞き始めてしまうのである。

二〇一三年六月、サッカー日本代表のワールドカップ出場が決まった夜、渋谷駅前に集まったサポーターをマイク一つで見事に誘導し、ＤＪポリスとして話題を呼んだ警察官もそうだ。

「みなさんは一二番目の選手です。チームワークをお願いします」

「目の前にいるお巡りさんも、みなさんが憎くて怖い顔をしているわけではありません。心の中ではＷ杯出場を喜んでいるのです」

それがどれほど効果的かは、ときどき街中を走っている宣伝カーを思い浮かべればわかりやすい。大音量で訴えてはいるが、録音を繰り返し流しているだけだから、多くの人は真剣に聞こうとは思わないだろう。

ここに欠けているのは、ライブ感だ。たとえ録音ではなくダイレクトに話していたとしても、それが原稿を読み上げるだけ、あるいは暗唱してきたものを披露するだけだとすれば、結果は同じだ。

落語のマクラではないが、その場の雰囲気や聞き手の様子によって臨機応変に話を変えるぐらいの工夫が欲しい。

もっとも、世の中にある仕事で、不特定多数を相手に話す機会などあまり多くはないかもしれない。しかし、複数が参加する会議で発言する機会なら、誰にでも少なからずあるはずだ。そういうときも「話し手」「聞き手」と分けて考えるのではなく、「自分がその場のコミュニケーションの音頭を取ってやろう」ぐらいに考えればいいのではないだろうか。

他の人に質問を振ってみたり、総意を確認するために挙手や拍手を求めたり、といった具合だ。そういうアクセントがあったほうが、会議も盛り上がるに違いない。

ムダな会議は「犯罪的行為」だ

さまざまな会社の依頼を受けて講演などの打ち合わせをすることがあるが、しばしば閉口してしまうことがある。まるでホームページを読み上げるように、その会社の概要説明から始めようとする担当の方がいるからだ。

依頼を引き受けた以上、私もその会社の概要ぐらいはおよそ調べてある。それでもわからないことがあれば、こちらから尋ねる。せっかくお互いに時間を割いて会っているのだから、話すべきことは他にあるはずだ。端的に言えば、その会社が私に何を求めているのか、ということである。

こういうとき、私はその旨をはっきり相手に伝え、ただちに本題に入るようにしてもらっている。そのほうが相手にとっても時間の短縮になるし、退屈な読み上げ作業からの解放にもなるからだ。

だが一般的には、こういう場合に黙って聞いてしまう人が多いのではないだろうか。それは苦痛の時間以外の何物でもないが、相手に気を遣って耐えているのである。だからこそ、話し手は自覚し、自省する必要がある。

自分が話すということは、聞く側の時間を奪うことでもある。特に複数の人が時間を割いて集まる会議において、話の中身が無意味だとすれば、それは犯罪行為に近い。人数分の膨大な時間（会社にとってはお金）を投棄しているに等しいからだ。

いささか余談ながら、しばしばこういう〝危機〟に直面しているのが、学校の授業だ。誰もが「あの時間は人生の無駄だった」としか思えないような授業を経験しているのではないだろうか。あるいは、もはや記憶にすら残っていないかもしれない。

「時間＝お金」という観点で言えば、授業とは子どもたちがお金を持ち寄り、教師に預けている状態だ。教師はいわばファンドマネジャーであり、預かった分を増やして返さなければ失格である。それだけ時間を無駄にしてはならないということだ。

ビジネスパーソンも同様だろう。文脈を理解し、前置きを排し、常に優先順位の高い順に話す練習をする必要がある。何かしら新しい意味（アイデア）を生み出すことを目指して、お互いに手短に発言する。それが大人の会議だ。

誰とでも雑談できるルールをつくる

ところで、拙著『雑談力が上がる話し方』（ダイヤモンド社）が話題になって以来、私はしばしばメディアで「雑談の第一人者」などと紹介されるようになった。「それはいったいどんな権威なんだ？」と心の中で自問する日々だが、たしかに雑談が人並み以上に好きなことは間違いない。

一方、昨今は雑談が苦手な人が増えているという。相手がいないとか、つい身構えてしまうとか、事情はいろいろあるらしい。

雑談が苦手な人は、もう少し気楽に考えて「どんな人とでも雑談ができるようになる自分ルール」のようなものをつくってしまえばいいのである。

たとえば、次のようなものが考えられる。

- ●話に中身はあまり求めない。
- ●相手の好きなものについて話すように心がける。

●軽い質問から入る。
●共通の話題を探してみる。
●長々と話そうとは考えず、さっさと切り上げる。

コミュニケーションを円滑に進めるために、雑談はたしかに重要だ。いきなり本題に入ると、相手も身構えたままでその後の展開に苦労する。

しかし、所詮は雑談である。あまり上手も下手も関係ないし、〝オチ〟がなければいけない、といった縛りもない。黙っているよりはマシ、という程度の話だ。自分のルールをつくってまずは苦手意識を克服してもらいたい。

名刺を工夫すれば雑談力を強化できる

とりわけ雑談力が試されるのは、立食パーティのような場だ。ふと目が合った瞬間に軽く会釈し、「ここの料理はおいしいですね」などと適当に話を継ぐ。こういうとき、共通の作業（料理を取り皿に取るなど）や共通の対象（主催者の挨拶への感想）があれば話題を見つけやすい。

その上で「自分はこういう事情でここに参加しているんです」と素性を明かしつつ様子を探り、「では、一応名刺を」と交換する。これがオーソドックスなパターンだろう。

中には誰彼かまわずいきなり名刺をばらまいて回る人もいるが、おそらく相手に何の印象も与えないため、あまり意味がない。

あるいは、**あらかじめ名刺の裏に自分の趣味・嗜好などをいくつも書き込んでおく手もある。それを見た相手が何かに反応してくれれば、たちまち距離は縮まる。**マニアックな話題で意気投合すれば、お互いにとってたいへんな収穫だ。

それをきっかけとして三〇秒程度の雑談を交わし、さらに翌日にメールでも送っておけば、とりあえずまた連絡を取り合うこともできよう。

私はむしろ、これほど単純で効果的な工夫がなぜ普及しないのか、不思議ですらある。裏を英字にしている名刺をよく見るが、日本人同士で交換するなら必要ない。少しでもコミュニケーション力を高めたい、人間関係を広げたり深めたりしたいと思うなら、この裏スペースをもっと有効利用する道を探るべきだろう。

トラブルが起きたとき信頼性がモノを言う

仕事用の名刺にプライベートなことを書き込むのはいかがなものか、という意見もあるかもしれない。だが現代は、プライベート感も出しつつビジネスの感触を探っていく時代ではないだろうか。**いくらビジネスでも、個人的な信頼がなければ話は先に進まない。**

これは世界共通の常識だ。たとえばアメリカでホームパーティが盛んに行われるのも、単に仲間内で楽しむためだけではない。参加者の人格や気質、教養を確かめながら、信用できる人物かどうかを見極めているのである。

どんな会社のどの部署に所属していても、信頼性を前提としたこういう関係はきわめて重要だ。とりわけトラブルが起きたときなど、信頼性が大きくモノを言う。

こうした場合、日本ではしばしば配置転換によって責任をとらせるケースがあるが、それは外部から見れば責任逃れとしか思えないこともある。

ただ当人が相手との信頼性を重んじるならば、たとえ部署が変わってもしっかり後始末をしたり、後任への引き継ぎをしたりする。そういう配慮があれば、個人的なつながりは継続するわけだ。また何かの機会に、ちょっと連絡を取ってみよう、再び一緒に仕事をしようという話にもなるだろう。そういう関係を築く最初のステップとして、名刺は格好のツールになり得るのである。

話の地雷を避ける

語彙を増やし、要約力を鍛え、雑談力にも磨きがかかり、人前で話す自信が持てるようになったとしても、ここで安心してはいけない。このレベルの人が得てして陥りやすい落とし穴があるのだ。

それは、相手の地雷を踏んでしまうことだ。

第Ⅰ部で解説した日本語コミュニケーションの土台となる三つの要素を思い出してほしい。語彙力、要約力、そして感情を読み取る力だ。

話の地雷は恐ろしい力を持っている。和気藹々《わきあいあい》と盛り上がっていた空気を一瞬で破壊してしまうほどのパワーだ。まだ関係の浅い相手との雑談のときなら、プライベートに関わる話は当然として、価値判断の分かれる話も地雷になる。

たとえば、昨今ならIR（統合型リゾート）推進法もその一つ。「IRはたいへんですね」「汚職事件まで起きて、これからいろいろあるでしょうね」程度で終わればいいが、「賛成」「反対」まで突っ込んだ話になると、仕事上の利害が絡んで見解が分かれるかもしれない。

そうなると、せっかく他の部分でいい関係が築けたとしても、その一点で崩れてしまう恐れがある。仮に相手が立場を明らかにしたとしても、「そうですね」と適当に相槌を打って逃げておくのが無難だろう。社会人として、少なくとも議論を戦わせるような事態を招いてはいけない。

相手の地雷がどこにあるかを探る

むしろ重要なのは、価値判断について自身の明確な断定を避ける一方、相手の〝地雷〟がどこにあるかを探ることだ。

私たち個々人が抱えている〝地雷源〟は、意外と少ない。「ここに触れられたら怒る」

というポイントが、ほぼ定着化するためだ。私の感覚で言えば、せいぜい三つ程度ではないだろうか。だとすれば、それを特定して踏まないように気をつけることで、〝暴発〟も防げるわけだ。

たとえば、年下の相手に生意気な態度を取られると、誰でも少なからず腹が立つ。それでも多くの人はやり過ごすが、中には耐えられなくなって怒り出す人もいる。つまり「生意気さ」が、その人にとって地雷源ということだ。そういう人に会う際は、とりあえず低姿勢で接することが処方箋ということになろう。

あるいは、曖昧な態度を嫌う人もいれば、逆に「イエスかノーか」と常に明確な結論を求められることを苦手とする人もいる。

当然ながら、収入の話も避けるべきだろう。聞いた話だが、長続きする同窓会では年収を絶対に聞かないというルールがあるらしい。たしかに、昔の仲間をお金で比較するのは、いかにも殺伐《さつばつ》としそうだ。

それに、彼氏・彼女の話も関係性による。学生の中には無神経な者がいて、自分がモテた話をモテない友人に自慢気に語ったりする。優越感に浸りたいということだろうが、大学生にもなったらもう少し社会性を持つべきだろう。「親しき仲にも礼儀あり」

という言葉を忘れるべきではない。社会人ならなおさらである。

もっと下世話なケースで言えば、とにかく褒め続けなければ機嫌が悪くなるような人もいる。たとえばテレビ界で「大御所」と呼ばれる人の中にも、少数ながらその類がいる。「あの人には気をつけろ」と業界内で〝情報交換〟されるほどだ。つまり、ふつうに接するだけで〝地雷〟を踏むこともあり得るのである。

これは極端な例かもしれないが、**誰でも多かれ少なかれ〝地雷〟を抱えている。そういう部分への洞察と配慮は、社会人として最低限のマナーだろう。**相手の様子がわからなければ、たとえば天気やスポーツ、ペットの話題あたりが無難である。

いずれにせよ観察して見分けた上で、それぞれ接し方を考えれば、まず大きなミスは避けられるはずだ。

〝いい人〟でなければ生きていけない

相手があまりに〝地雷〟の多い人だったとしたら、そもそも関わらないのが最も的確な判断だ。人生は有限だから、無理をする必要はない。できるだけ気持ちのいい人とだけ接するよう、心がけたいものである。

私はしばしばテレビ番組に出演させていただいているが、そこで出会う芸能人やスタッフの方々の多くはたいへん感じがいい。世間から「辛口」とか「毒舌」と見られている人でも同様だ。これは偶然ではなく当然で、およそ競争の激しい芸能界やテレビ業界では、感じのいい人が生き残りやすい。

番組づくりは大勢が長時間にわたって関わる共同作業であり、人間関係や信頼関係がなければ続かない。誰も感じの悪い人と仕事をしたいとは思わないから、そういう人は自然に淘汰《とうた》されていくのである。これはテレビ業界に限らず、多かれ少なかれどんな仕事でも言えることだろう。

一般的な採用の際も、最低限の基準は「感じのいい人」ということだ。仕事の能力が非常に高くて感じの悪い人より、能力はまあまあでも感じのいい人のほうがいい。これは間違いなく、組織全員の意見である。職場に余計なストレス源を抱えたくない、という思いがあるからだ。

もっとも、私の経験則で言えば、**現代においては概して能力の高い人は感じもいい。**

仕事ができるということは要約力が高いことであり、事態を客観的に把握できるとい

うことだ。つまり自己中心的に陥りにくく、周囲の人が嫌がることを避けようとするのである。

災い転じて福となす

もちろん、感じのいい人が揃っていても、仕事上のトラブルはつきものだ。そんなときに不満そうな顔をしたり、周囲に当たり散らしたら〝いい人〟失格である。たとえ疲れていても、粛々と処置をする。そんな態度によって信頼関係は築かれていくのである。

さらに、一緒にトラブルに対処した仲間は、以前よりも一体感が高まって距離が近くなる。誰がどんな振る舞いをするか、人間性も見えてくる。ひと区切りついた後は、「じゃあ、一杯行きますか」という話にもなるだろう。

これは、チームで仕事に取り組む大きなメリットだ。トラブルがなければ飲みに行くこともなかったと考えるなら、むしろトラブルがあってよかったという話にもなる。

「災い転じて福となす」とか「禍福は糾《あざな》える縄のごとし」といった諺《ことわざ》は、だてに今日まで語り継がれてきたわけではない。要は、無理やりにでも心の中でそう転換できるか、という問題である。

その延長線上で考えるなら、**どんな仕事であれ、あるいは日常の出来事であれ、マイナスの状況からプラスの意味を発見してポジティブな心をつくれる人は強いということになる。**「失敗した」「上司に叱られた」「誤解された」等々、心がネガティブになるような材料は日々の中にいくらでも転がっている。それでも、その中から「でも、こんな収穫があった」というものを見出せれば、嫌な思いも無駄ではなかったことになる。

あるいは会議にしても、議論が行き詰まって結論まで至らないことはよくある。そのまま終われば徒労感だけが残るかもしれない。だが、議論の途中に出たいいアイデアに着目し、「今日はこれを成果としよう」と全員で拍手して終われば、印象はずいぶん違ってくるはずだ。こういう音頭の取れる人、場を盛り上げられる人は、間違いなく周囲から一目置かれるだろう。

結果としてチームの結束が強くなり、仕事のみならず飲み会にも同じメンバーで行くようになることは、社会人としてある種の理想型と言える。そんなチームの一員になれば心強いし、ポジティブにもなれる。それがまた、新たな〝いい人〟を呼び寄せることにもつながるのである。

世代間を超えた話の場に飛び込む

〝いい人〟とは、いい人脈をつくれる人ということでもある。

実際には、会社の内外で人脈をつくることに、意外に消極的な人も多いのではないだろうか。だが特に若い人は、そもそも生活が不安定なのだから、人脈こそが自分の身を守るカギになる。

社内の同期や同年代と話をすることは、誰でもできる。だが、年齢が離れた人や、他社・異業種の人が相手となると、チャンスがあってもとたんに壁をつくってしまったりする。これは、実にもったいない話である。

「話す」ことの練習の場として、二〇歳代なら四〇〜五〇歳代の輪に混じることは有益だ。そういう飲み会などに出席する機会があれば、できるだけ心を開いて会話に加わることをお勧めしたい。二次会にも、「お話を伺っているだけで勉強になります」などと持ち上げつつ、ついて行ったほうがいい。

そうすると、経験値が格段に増えるし、世代間の意識のズレも認識できる。意見が合わずにカチンと来ることもあるかもしれないが、そこは人生の先輩の見方として聞く耳を持つ。それぐらいの度量で構えると、次の飲み会などにも誘ってもらえたりする。そんなメンバーの一員になることは、自分にとって大きな財産になるだろう。

「後輩力」がある人は、今貴重なので気に入られやすい。

社外の人とのつきあいにしても、もっと積極的に機会をつくってもいいはずだ。実際、そういう縁を取り持つようなイベントなども少なからずある。単なる名刺交換会では得られるものも少ないかもしれないが、もう少し雑談の幅を広げられれば、そこから次の展開も期待できるだろう。同世代でも業種・業界が違えばものの見方も違うので、それがまた刺激になるはずだ。

ちなみに経営者クラスになると、いわゆる会員制クラブのようなものがあって、よく情報交換などが行われている。一緒にゴルフに行ったり、サウナに入ったりしながら雑談し、人を紹介し合ったり、商談のきっかけをつくったりしているのである。

若いうちからこういう場に入り込むのは無理としても、ふだんから関係づくりに努めていれば、誘いの声がかかる可能性はある。そこから人脈が広がることも、あり得ない話ではない。

自分の居場所をつくる

いずれにしても重要なのは、自分の〝居場所〟をつくるということだ。

それは、コミュニケーション力を鍛えることで可能になる。昨今は「やりたい仕事しかやりたくない」という若者の声を聞くことがあるが、それを追求していくと結局はフリーターになってしまう。本来、仕事とはそういうものではない。「自分に合っているかどうか」より、重要なのは「必要に迫られているかどうか」だ。

そこに使命感を持って臨んでいると、やがて存在理由が生まれる。つまり自分にとっての〝居場所〟ができるわけだ。

仕事の内容はともかく、人に期待されたり評価されたりすることが「やりがい」となって、本人の心を落ち着かせることになる。

こういう場を見つけることが、社会人として最大の喜びではないだろうか。人間関係づくりとは、その〝居場所〟の面積を拡大するということである。

第7章

日本語の鍛錬 上級

聞く力を鍛える

知的好奇心が人間関係を広げる

旧知のテレビ局のプロデューサーの方と数人で飲みに行くと、しばしば奇妙な場面に遭遇する。彼らの下で働いている制作会社の若いディレクターやアシスタント・ディレクターの方々が、なかなか参加しないのである。一次会には来ても、いよいよディープな話になりそうな二次会の前にさっさと帰ってしまう。

たしかにそのプロデューサー氏は、いささか癖の強い人物ではある。しかし、サシで飲もうと言っているわけではないし、説教してやろうという意図もない。おそらく、飲み代もおごってもらえる。きわめてフレンドリーに、しかも何度となく誘っているのに、若手スタッフは滅多に応じない。これは、実にもったいない話ではないだろうか。

こういう機会にプロデューサーレベルの人とざっくばらんに話をしておけば、共通理解が増えて、その後の仕事もやりやすくなるはずだ。プロデューサーから見えている、もしくは見たいと思っている風景がわかれば、ディレクターとしても演出のアイデアを練ることができる。あるいは番組企画のヒントを得たり、人脈を広げることにもつながるだろう。

その貴重な機会をなぜ放棄するのか、プロデューサーも私も首を傾げるばかりだ。おかげで、プロデューサーとディレクター陣の間には、認識力に距離が生まれてしまっている。

仮にこれを「時間の無駄」とか「面倒くさい」と捉えているなら、たしかに参加したくはないだろう。その姿勢は、おそらく仕事にも反映される。とりあえず従来通りやっておけばいいと思っているうちは、それなりの結果しか出せない。

要するに、積極性や向上心が不足しているのである。これは、件《くだん》のディレクター陣だけの問題ではない。若い人の積極性が乏しくなってきているのを多くの人が感じている。

それはなぜか。私の知る限りにおいて、資質や性格の問題ではない。

もちろん、日々忙しくて疲れが溜まっているという事情もあるかもしれない。だが**それ以上に問題なのは、知的好奇心の磨き方が足りないことだ。ある程度の知力を持っている人間は、知的好奇心も持っている。人の話を聞いて「おもしろい」と思えるし、その機会を「ありがたい」と思うのである。**

知力の鍛錬は「聞く」ことから始まる

誰でも自分の趣味に関する話なら、興味を持って聞くだろう。知的好奇心が強いとは、興味の守備範囲が広いということだ。そのアンテナとなるのが、知力である。そもそも予備知識がなければ、目の前の価値あるものに気づけない。花の知識のない人が、珍しい高山植物の前を素通りしてしまうようなものである。

「仕事がなかなかうまくいかない」「周囲から評価してもらえない」と悩む人は多い。これにはさまざまな事情があるだろうが、多くの場合、ボトルネックは知力だ。それが足りないから、情報を吸収できず、分析できず、だからいいアイデアも浮かばず、自分の意見を言えない。

これでは、消極的にならざるを得ないだろう。その挙げ句、職場から〝戦力外〟と見なされたりするのである。

もっとも、これは本人の責任ばかりとも言い切れない。社会全体として知的好奇心を評価する土壌がなくなってきている。

一方、中国・インドをはじめとするアジア各国の元気がいい。それは人口の多さや新興国としての成長余地があることのみならず、人材を育てるべく、国を挙げて教育に力を入れているからだ。それによって若者の知力が養われ、自信と積極性を生んでいるのである。

ならば、**日本人もあらためて知力を鍛え直せばよい。そこで欠かせないのが、「聞く」という知識を吸収する作業だ。**

何を「おもしろい」と感じ、「もっと知りたい」と思うか。その原点となるのが、とにかく人の話に耳を傾けることだ。少なくとも、そういう場に身を置かなければ刺激を受けることもない。

「好奇心」と「知的好奇心」は違う

最近、テレビ番組でマツコ・デラックスさんを見ない日はない。番組名に名前の入っている、いわゆる〝冠番組〟の多さは、あの所ジョージさんやダウンタウンに匹敵するのではないだろうか。

なぜ、それほど人気を博しているかといえば、男でも女でもないという立場性や威圧感のある容姿もさることながら、基本は知的だからだ。もともとマツコさんはコラムニストであり、状況認識が早く、的確に自分のコメントを発することができる。つまり要約力とコメント力がきわめて優れているわけだ。

そういう人が誰かに会うと、知性に裏打ちされた好奇心が湧き出してくる。その相手は、ごく一般の人でも奇人・変人の類でも同じだ。そのキャラクターを即座に把握し、おもしろさを引き出していくのである。

先日もある番組で、元プロ棋士の桐谷広人さんの日常を絶賛されていた。桐谷さんは日々の暮らしのほとんどを膨大な株主優待で賄っているという、たいへん変わった方だ。マツコさんはそのVTRを見て、「私もがんばろうって思う。ふつうの人は周囲と自分を比べて気にしがちだけど、桐谷さんは次元が違う」などとコメント。知的好奇心のある人は、たいていこういう話に興味を持つし、そこから社会や自分のためになるエッセンスを汲み取るのである。

ポイントは、単なる好奇心ではなく、あくまでも〝知的〟好奇心を持つということだ。前者の場合は、個人的な好き嫌いや興味の色合いが濃い。それに対して後者は、知識や常識をベースにして、そこからの差異を感じ取る力を指す。したがって知識の積み増しになるし、第三者にとっても価値のある考察になりやすいのである。

とりわけ日々の仕事において、知的好奇心は不可欠だ。仕事にトラブルや退屈な作業はつきものだろう。しかし、そこに知的好奇心を持ち込むと、それらの困難をある種の〝ゲーム〟にすることができる。あらゆるゲームは、何らかのトラブルがあるからゲームたり得る。それがなかったりイージー過ぎたりしたら、おもしろいはずがない。その延長線上で、仕事を捉えることができるわけだ。

事前の準備で「質問力」を高める

休刊した雑誌『新潮45』に、ビートたけしさんによる「達人対談」という連載があった。文字通り各界の達人とたけしさんが対談をするものだが、たいへんおもしろく読ませてもらった。

たとえば以前、古流剣術の達人、笹森建美《たけみ》さんがゲストだったときのこと。たけしさんは「ビデオで拝見しましたが、手首の使い方が剣道とは違う。真剣を意識した練習ですか」と問いかけていた。笹森さんはそれを肯定した上で、「真剣は剣道のように手首を使わず、肘や肩を使うんです」というような回答をされていた。このやりとりだけでも、いかにディープな対談だったかわかるだろう。

たけし　木刀のほうが真剣に近い感じですね。

笹森　木刀のほうが真剣に近いです。この木刀で打ち合い、普通の剣道で使う小手よりもかなり大きい鬼籠手《おにごて》という小手をはめます。剣道では面をつけますが、面の代わりに、この鬼籠手を面の位置まで上げて、そこを打つことで、技の決めとしています。

たけし　笹森先生の稽古の様子をビデオで見ましたけれど、型を見ていると、真剣を使えるようにする稽古ですね。剣道だと、竹刀《しない》をポンポンと軽く振って手首だけで打っている。実際の刀はあんなに振れるわけがないと思うんです。

笹森　おっしゃるように今の剣道は手首を多く使っている。本当の刀を使うには、肘や肩を使わないといけません。

たけし　稽古ではさきほど見させていただいた鬼籠手、必ずあそこを叩き落とす稽古をやるんですか。

笹森　さきほども言ったように、小野派一刀流では現代剣道のような防具の面をつけず、打たれるほうは鬼籠手で防いで、そこを打たせます。形としては相手が振りかぶった小手を打っているように見えるのですが、実際には面を打っているんですね。そういう稽古の仕方です。

（『新潮45』二〇一一年九月号）

たけしさんは人一倍ご多忙なはずだが、その中でも事前にビデオを見て準備を怠らない。しかも剣道との比較というポイントを用意し、古流剣術という武道の本質を引き出している。

もし事前に何も準備せず、「古流剣術って何ですか」などという安易な質問しかしなかったとすれば、対談自体も陳腐になっていたはずだ。

おそらく、**たけしさんはホストとしての義務感から準備したわけではないだろう。それよりも、古流剣術やその第一人者への知的好奇心に駆られた結果に違いない。だから当の達人も、それに呼応して真摯に答えようとする。それによってもっと理解が深まり、もっと好奇心が湧いてくるわけだ。**

あるいは私の場合、ゴルフコースに一度も出たことがないにもかかわらず、ゴルフ雑誌でプロゴルファーの方と二度ほど対談をさせていただいたことがある。もちろん、事前に情報を調べ、準備をした上での話だ。

たとえばタイガー・ウッズが復活を遂げた理由は何か、渋井日向子選手のよさはどこかといったことは、素人でも得られる情報が膨大にある。それを踏まえてプロの話を聞けば、実際のプレー経験がなかったとしても会話は成り立つ。膨大なプレー経験のあるプロから、プロならではの知見を聞き出すことができるのである。

言い換えるなら、事前に情報を集めて調べておくことは、相手への質問力を高めるということでもある。これは、どんな仕事でも当てはめるべき鉄則と言えるだろう。

ニュース、そこからですか!?

仕事で新しい人に会うとき、事前に相手のことや所属する会社のことをある程度調べておくのは、ある意味で常識だろう。いまやネットを使えば、さほど面倒な作業でもない。

ただ、それが義務的でおざなりだと、あまり意味をなさない。**興味を持って「こういうことを聞いてみたい」「自分からはこういう提案ができる」と用意するから、実際に会ったときに盛り上がるのである。**

これは、逆の立場を考えてみればわかりやすい。誰でも経験があるだろうが、自分や対象物について何も知らず、かつ関心も持たない相手にいろいろ説明するのは苦痛だろう。

たとえば、哲学者フッサールやハイデッガーの名前さえ知らない人に、その思想を説くのは暴力的ですらある。せめて名前や代表作ぐらい知っていれば「あれはこういう本でね」と説明する気にもなるだろう。だがそれもないとすれば、まさに「とりつく島がない」のである。

ところが最近、知識のなさを恥ずかしいとは思っていない人が増えており、私はしばしば、彼らの〝無識〟ぶりに驚かされることがある。そういえば池上彰さんの著書に『池上彰の「ニュース、そこからですか!?」』(文春新書)があるが、まさにそんな心境だ。

おそらく池上さんは、どこまでかみ砕けば多くの読者がわかってくれるのか、その加減を把握されているのだろう。だが私たちの日常において、話す相手が池上さんほど懐の深い人である保証はどこにもない。あまりにものを知らないと、凡庸な質問しかできないから、いい会話にはならない。むしろ相手に見下される恐れすらある。

「知らない」と公言することは恥ずかしい

逆に言えば、「聞く」ということは自分がどの程度の知識を持っているかを表明す

る行為でもあるということだ。事前の準備がなければ惨《みじ》めになるし、よく調べていればアピールの場にもなる。当然、相手の反応も違ってくるだろう。

これはけっして難しい話ではない。ネットで少し検索すれば、どんな情報でも見ることができる。ところが、こんな簡単なことすら、やらない人が意外に多いのである。

もともと私はネット検索が下手だと思っていたが、いつの間にかすっかり得意になってしまった。むしろ今では、人と仕事の打ち合わせをしている最中に調べたほうがいいことが出てくると検索することもある。その場で適切な情報を探し出せれば、話がより生産的になる。

これは単に、意欲や気力の問題だろう。ネットがこれだけ身近にある今、会話の質自体を変えたほうがいい。検索すれば簡単にわかることを「知らない」と明言することは、以前よりずっと恥ずかしいのである。

私は電子辞書を駆使している。今使っているEX-wordには、日本国語大辞典をはじめ、日本語に関して必要なものがすべて入っている。英語の大辞典やブリタニカ百科事典など、信じられない膨大な知識が詰まっている。ジャンプ機能も便利で、確実な知識を次々と調べていける。

大人の日本語力を支える最高に頼りになる武器だ。電子辞書のフル活用によって、日本語力は上級者レベルになると私は思っている。

話し手の発言をその場で要約する

もちろん、ネットの情報は膨大だから、片っ端から見ていくわけにはいかない。〝あたり〟をつけて選択する能力、それに情報を要約して質問に仕立てる能力が欠かせない。

会議やシンポジウム、あるいはテレビのインタビュー番組などでも、ときどき「質問」と称してやたらと長く話す人がいる。自己アピールしたいのだろうが、これは逆効果だ。答える側も周囲にいる人も飽きてくるからだ。**ポイントを押さえつつ簡潔に問いかけるからこそ、「この人はわかっているな」という印象を与えることができるのである。**

あるいは相手の発言をさらっと要約して次の質問にいければ、もっとポイントが高い。これはお互いの確認になるし、話を先に進めることにもなる。会話に集中していることが前提で、質問を形式的に用意しただけではできない芸当だ。

とりわけ重宝がられるのは、相手がカタコトの日本語を話す外国人の場合だ。たどたどしく要領を得ない話のとき、「要するにこういうことだよね？」と要約して聞き返すと、たいへん喜んでもらえる。

これは、逆の立場になったときを考えればわかりやすいだろう。自分がたどたどしい英語で英語圏の人と話をしたとき、相手がうまく英語で要約してくれたとしたら、どれほど助かるか。きっと「私の英語からよくそこまで推測できましたね。あなたは本当に頭がいい」と絶賛したくなるはずだ。

要約力は相手との距離を縮める

要約することとは、同調・共感を示す意味もある。相手の話の意図をまとめるだけだから、もともと感情とは関係していない。しかし、相手に寄り添わなければできないから、そこに親愛の情が込められているように見える。

夫婦喧嘩などで「結局、あんたの言いたいのはこういうことでしょ！」と売り言葉に買い言葉のように要約することもあるが、これは本筋ではない。ふつうは相手の感情を理解し、距離を縮めるために行う。そうすると、相手から「いい人だ」と思われるようになるのである。

ただし、要約にはリスクもある。**笑顔でうなずきながら話を聞いていたとしても、その後の要約がまったく的外れだったら一気に信用を失う。**「この人はただ愛想よく振る舞っているだけで、実は何も話を聞いていない、もしくは理解する能力がない」と思われてしまうからだ。かといって、ただ黙って聞いているだけでは距離も縮まらない。だから〝要約力〟を鍛えなければならないのである。

もちろん、単なる雑談のように、いちいち要約する必要のない会話もある。だが仕事上の話やクレーム処理については要約が欠かせない。

まず事態を把握・共有し、同じ方向を見て解決策を見出していく。そのための「聞く」作業であり、要約である。

聞きながら感情を把握する

話す力の解説で話の地雷について述べたが、「聞く」際に輪をかけて重要なのが、話し手の感情を把握することだ。単純に言えば、その話題についてプラスの感情を持っているのか、それともマイナスの感情を持っているのかを見定める必要がある。これを見誤ると、後で厄介なことになりかねない。

とりわけ話題がある特定の人物に及んだとき、話し手がその人を好きか嫌いかは大問題だ。好きな人物のことを聞き手が批判したり、嫌いな人物のことを擁護《ようご》したりすると、とたんに空気が気まずくなる。**完全に同調して対象の人物を褒めたりけなしたりする必要はないが、余計な対立点をつくらないのが大人の会話というものだ。**

話し手の感情を読み解くこと自体は、さほど難しくない。当然ながら、表情や口調を観察していればわかる。にこやかに話している場合と、皮肉っぽい口調で話している場合とでは、明らかに様子が違うはずだ。問題は、聞き手側としてのリアクションだ。

感情を理解してもらえると心は落ち着く

以前、勤務先の大学で職員の方が、あるプロジェクトについて意見を求めてきたことがある。

「○○先生はこうおっしゃっていますが、どうでしょうか？」

最後の「どうですかね？」のイントネーションだけで、この職員の方がその先生の方針に異を唱えたいらしいことは容易に理解できた。おそらくは私にも同調してもらい、できれば私の口から翻意を促してもらおうという意図だったのだろう。

このとき、私としては「あなたはその方針に反対なんですね」とストレートに聞くこともできたが、それは大人げない。職員という立場上、明確に答えられるはずはないからだ。その代わり、私はとりあえず次のように答えて職員の方に同調した。

「たしかに、ちょっと行き過ぎ感もあるよね」

ただし、それだけでは終わらない。

「でも、おそらくちょっと冒険してみようと思っているんだよね」

と同意を求めた。すると職員の方も、

「それはそれでおもしろいですけど、外してしまうかもしれないし」

と言う。

この時点で、私と職員の方の間には、おもしろさを選ぶならその方針に従い、無難さを選ぶならブレーキをかける、という共通理解が生まれたのである。

職員の方も、「その方針に絶対反対」というわけではなくなったらしい。安心した顔で部屋を出て行った。

結果がどうであれ、こうしてわかり合えること、あるいは自分の感情を誰かに理解してもらえたと思うことで、心は落ち着くのである。

部下の心の声を聞くのもリーダーの仕事

相手の感情を理解することはコミュニケーションの基本だ。誰でも多かれ少なかれストレスを抱えているはずだが、それも他人に理解してもらえれば軽減できるのである。むしろストレスの多くは、「誰にもわかってもらえない」という孤独感に起因している。

トラブル自体より、このトラブルに対処している自分の苦労がなぜわからないのか、ということが大きなストレスになるわけだ。仮にリーダーや同僚に「君はよくがんばっているね」と声をかけられたとしたら、心のあり方も大きく変わるだろう。

特に今の若い人の場合、もともと傷つきやすいこともあって、「誰にもわかってもらえない」「きちんと評価してくれない」ということが離職や休職の大きな理由になり得る。

自分の追い込まれた状況を相談できたり、改善を求めたりするなど、SOSを職場内で発信できれば、問題はない。だがそういう場がないから、風船が破裂するように極端な行動に走ってしまうのである。

そういう部下に直接的に対処するのは、言うまでもなくリーダーの仕事だろう。だが仮に相談に乗ったとしても、「優秀」と呼ばれるリーダーほど言葉がきつくなる傾向がある。人よりも問題点が明確に見えるため、その部分をストレートに指摘してしまうからである。

そういうリーダーを頼もしく思う部下もいるかもしれないが、矛先が自分に向かうことを恐れるあまり、積極性を失ったり、都合の悪い情報を隠してしまう部下もいる。

つまり、かえって精神的な距離が遠くなってしまうわけだ。

軍隊のような組織であれば、部下に対するリーダーの命令は絶対かもしれない。的確な指示さえ出せれば、その組織は強くなるだろう。だが一般的な会社組織の場合、命令系統がそれほど明確なわけではない。部下の裁量に任せている部分もあるし、現場からリーダーへアイデアや報告が寄せられることもある。それによって個々人が活き活きしているほど、組織としても強いはずだ。

逆に、部下が積極的に動きたがらず、現場からのアイデアや報告も少ないとすれば、その組織はうまくいっているとは言えない。いくらリーダーが優秀であっても、あるいは優秀であるがゆえに、部下が呼応していないわけだ。

こういうとき、上司はもう少し部下の様子を観察し、その声に耳を傾ける必要がある。能ある鷹のように〝爪〟を隠し、**あまりストレートな言い方は避けて、できるだけ聞き役に回る。それだけでも、部下はずいぶん救われるだろう。**

リーダーは部下に声を出させよう

しかし、それだけではまだ足りない。**リーダーは、あえて〝隙〟を見せることも重要だ。**たとえば、部下のほうが詳しい分野について「ちょっと教えてくれ」と声をかけるとか、あるいは自分が直面している困難な状況について、打開策を一緒に考えてもらってもいい。

いずれにしても**重要なのは、とにかく部下に口を開かせること、リーダーとして相談を持ちかけ、聞く姿勢を保つことだ。**それを徹底するために、「一人につき最低一個ずつアイデアを出して」と半ば強制する手もある。

概して日本人は、「誰かいいアイデアはないか」と問いかけてもなかなか答えない。それは多くの場合、何も考えつかないからではなく、単に遠慮しているだけだ。その代わり、順番が回ってきたらけっして反故《ほご》にはしない。答えを強引に催促すると、意外にいいアイデアを披露してくれるのである。

それでも出ないなら、「五分後にもう一度全員に聞くから」と宣言してもよい。そこまで追い詰めれば、さすがに観念して、この五分間で必死にアイデアをまとめるはずだ。

あるいは五〜六人以上の会議になると、発言する人が限られる一方、まったく発言しない人もいる。もともと意欲に欠けている場合もあるが、本当は発言したいのに、場にカットインする気力や技を持たないためにできない場合もある。

これでは本人もおもしろくないだろうから、そういうときは上司がリードして「○○さん、どうですか」と指名し、発言を求めればよい。ハードルを低くして跳びやすくしてやれば、当人に参加意識が生まれる。誰でも経験があるだろうが、とりあえずひと言でも発すれば、気持ちはずいぶんすっきりするのである。

しかも、その発言を受け、上司が「なるほど」と相槌を打ったり、実際に採用したりすれば、当人のモチベーションは一気に上昇するのではないだろうか。

問題点は相談することで解決できる

こうした〝聞き役〟になることは、社外の人と話す際も必要だ。何かについて鋭く指摘することは、本人にとって快感かもしれないが、往々にして相手を傷つけることになるのである。

先日も、テレビ局のプロデューサーの方からちょっとした相談を受けた。テレビ番組を収録中のスタジオには、実に大勢のスタッフがいる。テレビ局の人ばかりとは限らず、制作会社の人やフリーの人も少なからずいる。いずれにしても、それぞれが何らかのエキスパートだ。

あるとき、出演者の一人が「ここの照明、ちょっときつ過ぎるんで落としてもらいたいんだけど」と注文をつけたという。一見すると、ごくふつうの要求のように思えるだろう。ところが、とたんに照明係の人は気分を害してしまったらしい。

照明に限らず、相応の技術と経験を持っている専門スタッフの方々は、それぞれにプライドがある。その仕事のやり方について、直接指導・監督する立場にあるディレクターやプロデューサーから言われるならともかく、外部の人間に口出しされる筋合いはないという強烈な自負を持っている。だから「カチン」ときたわけだ。

とはいえ、番組制作は限られた時間の中で進めなければならない。実に気まずい雰囲気の中で、収録が行われたそうである。「こういうとき、どうすればいいですかね」

というのがプロデューサー氏の相談だ。

　これに対し、私が答えたのは**「日本人の場合、問題点がわかっても、それをはっきり指摘してはダメなんです」**ということだ。

「ちょっと違和感がある」「具体的にどうすればいいのかわからない」程度の言い方で問題を提起して、相談を持ちかけるという形にするのが望ましい。そうすると相手は、プロの矜持《きょうじ》にかけて「ならばこうしてみよう」と積極性にアイデアを出してくれる。これで万事解決するわけだ。

　ちょっとした言葉の使い方の違いだが、要は相手の立場を尊重するということだ。「注文」や「要求」となると高圧的だが、「相談」ならへりくだった印象になる。プロを自任している人ほど、持ちかけられて悪い気はしないはずだ。

プラス・アルファのアイデアを求める

　この原則は、やや深刻な事態の場合にも通用する。たとえば他社に何かを発注したとき、想定外の低品質で仕上がってくることもあるだろう。そんなとき、「まるでダメ」

などと言って返品するだけでは埒《らち》があかない。そればかりか、「発注の仕方が悪い」と〝逆ギレ〟されて関係までおかしくなる恐れがある。

この場合も、とりあえずは耐えて「基本的にいいですね」と労をねぎらうことをお勧めしたい。その上で、「もう少しこういう感じを出すとしたら、何かいい方法はありますか」と相談する。

このような尋ね方をすれば、少なくとも相手は〝ダメ出し〟をされたとは受け取らない。よりプラス・アルファのアイデアを求められている、つまりそれだけ期待されていると意気に感じるだろう。

それを繰り返しつつ、原型をとどめないほどに結果を変えていく。このあたりが、「聞き手」としての腕の見せどころである。

相手の心を開かせるキーワードは「共感」

会話にはテンポが欠かせない。いちいち深く考え込んで話すような人とは、なかなか会話が弾まない。それが仕事をする相手だったとしたら、いささかやりにくさを感じてしまうだろう。

　まして無口な人が相手だと、場の空気まで重くなりがちだ。性格的なものかもしれないが、必ずしも話すべきことがないわけではない。話の咀嚼《そしゃく》に時間がかかり、意思表示を決めかねている場合もある。

　こういう人に対処する一つの方法は、相手の言葉をメモしながら聞くことだ。何かを尋ねて回答してもらったとき、それを書き取って相手に見せ、「こういうことですね」と確認を取る。言葉を反復するようにして確認することは、相手を安心させる有効な手段だ。カウンセラーなどが、多くを語ろうとしない相手に対してよく使う手でもある。それを踏まえて、また次の質問に進むわけだ。

　あるいは**黙ったまま態度を明らかにしない場合には、「これはイエスですか、ノーですか」と二者択一の問題に単純化して問う方法もある。**それも深刻に捉えられるとかえって熟考される恐れがあるため、「とりあえず」「直感的に」などと前置きしたほうがいいかもしれない。その答えによって、「理由は？」と尋ねたり、話を次の段階に進めたりできるだろう。

　そしてもう一つ、重要なのは「共感」の雰囲気を出すことだ。会話は言葉のやりと

りだが、同時に感情もやりとりする。そこで友好的な姿勢を示すには、身体を相手の正面に向けたり相槌を打ったりするのもいいが、語彙の共有も効果的だ。相手の言った言葉をそのまま使って、「○○ですよね」と返す。そうすると、「この人は自分の言ったことをわかってくれている」と思えるのである。

これは、業界内でのみ通用する「隠語（ジャーゴン）」の発想に近いものがある。たとえ初対面でも、その言葉を使える者同士なら「仲間内」という気になるだろう。「隠語」には、いちいち説明しなくても業界内ならわかるという機能的な側面の他に、相手が仲間か否かを見極める〝符丁《ふちょう》〟の役割もあるわけだ。

質問に比喩や時事ネタを交える

相手の話がやや難解なときは、比喩を使ってイメージを共有するのが常套手段だ。男同士の酒飲み話なら、しばしば「野球で言えば九回裏ツー・アウト満塁」「社内に先発と抑えはいるが中継ぎがいない」といった会話が登場する。

これは、もっと多用・応用してもいいはずだ。それによって話を単純化したり、相手の本音を聞き出したりできるのである。

ただし相手が女性の場合など、必ずしも野球に詳しいとは限らない。比喩の対象をもっと身近なものに広げる工夫も必要だろう。たとえば「雑誌の見出しになるとしたら〜」「犬か猫かで言えば、猫のイメージですかね」「ウサギというより、カメだね」といった具合だ。

ポイントは、相手の話を自分なりに解釈し、少し視点をずらして提示することにある。相手が同意すれば自分の解釈は正しかったことになるし、訂正されればその訂正の程度によって相手の意図がわかるわけだ。

同じく、相手の話をわかりやすくする方法として、質問の中に直近の情報を含める手もある。たとえば教養番組や新聞・雑誌記事で見た話を紹介し、「今のお話と関係ありますか」と尋ねてみるとおもしろい。まったく的外れで恥をかく場合もあるが、それはそれで勉強になる。また関係があれば、そこから話を広げることができるだろう。

一方、これは話し手にとっても有益だ。番組や新聞・雑誌をすべてチェックしているとは限らないからだ。まして自分の話と関連があるとすれば、ますます興味が湧くはずだ。その会話が終わって別れた後も、「今日は得をした」と思えるに違いない。もちろん、実際に紹介された番組や記事を見れば、自分の知識をより深めることができる。

およそ大人の会話は、お互いにこんな〝お得感〟を目指したい。その場でおおいに盛り上がっても、後に何も残らないのはいささか寂しい。お互いに確度の高い情報を持ち寄り、提供し合い、それについて知見を披露し合うという形になれば、きわめて充実した時間になるはずである。

日本人は「称賛コメント」を待っている

人と会った後、「もう一度会って話したい」と思う人と、次の瞬間にはすっかり忘れてしまう人がいる。やや残酷な話だが、これは誰でも思い当たるフシがあるはずだ。では、両者の違いはどこにあるのだろうか。

一つは前述の通り、どれだけ共感できるかだが、それだけでは足りない。**重要なのは、「その人といると世界観が広がる」というイメージがあるか否かだ。言い換える**

なら、知的好奇心がどれだけ旺盛かということでもある。

アンテナの感度が高く、会う人にとって有益な話題を適宜紹介できるような人であれば、自ずと周囲には人が集まってくる。ただこれは、いわゆる〝うんちく〟ではない。自分の趣味の範囲で知識をひけらかすのではなく、あくまでも相手やTPOに合わせた話題を提供することが条件だ。

そしてもう一つ、相手をきちんと褒めることも重要な要素である。当然ながら、**「この人に話せば褒めてもらえる」という人には、誰でも会いたがる。**

私の印象では、特に日本人は誰よりも「称賛コメント」を欲している。あまり自我が強くない上、自己評価がきわめて低いため、人に褒められなければ自らを支えきれないのである。

にもかかわらず、当の日本人は自ら「称賛コメント」を発することをあまりしない。この特異なギャップが、ある種の〝飢餓感〟を生み出しているのである。

ならばその間隙《かんげき》を縫うように、積極的に相手を褒めればよい。会話の端々に肯定的な評価を混ぜることにより、相手も自分に好感を持ってくれるのである。

何でも褒めようと思えば褒められる

以前、テレビのバラエティ番組を見ていたら、「褒めのプロ」と呼ばれる方が出演されていた。この方のすごいところは、何でも褒めてしまうのである。試しに次の問題に挑戦してもらいたい。

問題1
非常口を示す緑色のランプを褒めよ。

非常口をどうすれば褒められるのかと思われるかもしれないが、プロの手にかかれば、次々と褒めのポイントが出てくるのだ。

このとき、褒めのプロは、「昔は漢字で『非常口』と書いてあったが、それでは漢字の読めない子どもや外国人にはわからない。その点、これなら誰にでもわかる」「緑なら炎の中で見やすい」「デザインも『走って逃げろ』という緊急性を示している」

など、いくつかのポイントを挙げて見事に褒めていた。

なるほど、何でも褒めようと思えば褒められるということを、あらためて感じたものである。

その〝威力〟をビジネスで示した事例がある。これも問題にしてみよう。

問題2

ある新築マンションで、一階やエレベーター横の部屋が売れ残りそうだった。しかし営業マンとしては、それを放置するわけにはいかない。どうすれば、売ることができるだろうか。

このケースでも褒めればいいのだ。ただし、褒める対象は家の買い手であるお客さんではない。売れ残りそうな部屋だ。実際に、この販売チームは全員で、これらの部屋の褒めるポイントを見つけて、それをお客さんにアピールしたそうだ。

「一階なら子どもが騒いでも下の階に気を使わなくていいですよ」

「エレベーター横のほうが外出時に便利ですよ」

すると、売れ残った部屋の三分の一が一日で売れてしまったそうである。

これは、けっして悪徳商法の類ではない。営業マンの話したことは、すべて真実だからだ。ただし、一般的なマンションのお勧めポイントとはいささか違う。つまり**一般に「不利」と呼ばれるような部分も、いくらでもメリットに言い換えることができるということだ。**これも「褒める」の極意の一つだろう。もっとも、逆に言えば、あまり営業マンが褒めるものは気をつけよう、という教訓でもある。

この極意はプライベートでも使える。私の友人は、「デート中に最低三回は相手を褒める」というルールを自ら設定して励行し、結婚までこぎ着けた。

褒めるという前提で会えば、何かしらポイントは見つかるらしい。外見なら「服のセンスがいいね」「髪形がいいね」「ちょっと痩せた?」といった具合。話の内容によっては「すごいね」「さすがだね」などと合いの手を入れる。あまりに的外れでは嘘くさいが、要はどれだけ観察眼を養うかという問題だ。

相手を褒めることは、相手のことをよく観察しているからできることだ。つまり、しっかりと相手の感情を読み取り、話を聞いているからできるのだ。まさに聞く力である。

ストレートなもの言いは避けたほうがいい

聞いた話の内容を要約して相手に返すと、この人はできる人だと思われると、これまで解説してきた。だが、その逆になるケースもあるので注意してもらいたい。**最も気をつけるべきは、あからさまな批判やネガティブ発言だ。しかもそれが的を射ていたりすると、相手の怒りを買うだけである。**自らの観察眼を誇りたい気持ちもわからなくはないが、それを口に出さないのが大人のコミュニケーションである。

概して批判力の鋭い人は、人間関係を破壊する傾向がある。かつて若いころの私も、その一人だった。だが言うまでもなく、これは損だ。むしろ批評したくなる部分も、見方を変えればプラスに捉えられると自らに言い聞かせるべきだろう。

そこで必要なのは、いわば弁護士的な感覚だ。AとBが対立しているとき、どちらから依頼を受けても弁護に立てるような能力である。これはけっして〝詭弁〟を弄しようという話ではない。あらゆるものごとには両面があり、ものは言いようであるという前提に立てば、いたずらに人間関係を壊さずに済むのである。

加えて、もともと日本人は婉曲《えんきょく》的な表現を好む傾向がある。たとえば金田一春彦先生の著書によれば、それを象徴するのが「お茶がはいりました」という言葉だという。お茶を入れた人間にとっては、「私があなたのためにお茶を入れました」と主張してもいいはずだが、そんな人は滅多にいない。あくまでも「お茶」を中心にして、自然現象のように表現し、自身の労力を消しているわけだ。この奥ゆかしさも、日本人ならではだろう。

一方、こんな奥ゆかしすぎる表現はアメリカではかえっておかしな感じになる。まずははっきり自己主張し、そこから接点を見つけて合意に至るのが彼らのパターンだ。また知り合いの中国の方によると、中国人は同じアジア人でも日本人よりアメリカ人の感性に近いという。たしかに、その通りかもしれない。感情面ばかりを気にする日本人には、なかなか真似できない芸当だ。

いくらグローバル化が叫ばれて久しいとはいえ、今後も日本人の気質が変わるとは考えにくい。ストレートなもの言いを好むようにはならないだろう。

その狭間で苦しんでいるのが、帰国子女たちだ。私の教え子の中にも複数いるが、彼らは日本社会の中にあって、少なからぬ違和感や疎外感を覚えることがあるという。

たとえば自己主張をはっきりすると、それだけで奇異な目で見られたりする。あるいは周囲にいる仲間たちが、なぜはっきりものを言わないのか訝《いぶか》ったりする。結局、教室の中で浮いた存在になりやすいのである。

そんな彼らに私がアドバイスするのは、やはり**「ストレートなもの言いは避けたほうがいい」**ということだ。ものごとが見えているのはいいが、実は他の仲間たちにも同じように見えている。彼らはそれを口に出さないだけだ。言えば雰囲気が悪くなることを知っているから。それが日本の文化であり、人間関係における習慣である。そこは理解してほしい、といった具合だ。

仕事上の会話において、曖昧さや婉曲表現は、ともすれば批判の対象になる。たしかに、はっきり言わなければ伝えられないときもあるだろう。しかしあえて言わないというのは、人間関係を殺伐としたものにしないために、日本人が長年培ってきた知恵であることを忘れてはならない。

自分の主張を押し通すディベート型のコミュニケーションと、相手の感情を読み取りながら信頼関係を築き上げる日本型コミュニケーションを中長期的に見たとき、どちらが本当の利益につながるか、冷静に考えてみる必要があろう。

おわりに――日本語力とは〝幸福力〟だ

剣豪・宮本武蔵は、終生にわたって剣術の研究を続けた。その集大成が『五輪書《ごりんのしょ》』であり、内容はもはや悟りの境地に近い。三五〇年以上も昔に書かれた本が今なお読み継がれているのは、「実用書」としての魅力もさることながら、そこに自らの武器を刀と見定め、徹底的に磨き上げた男の〝強さ〟が感じられるからだろう。

翻《ひるがえ》って現代に生きる私たちの場合、刀はもう必要ない。しかし日々「戦っている」感はある。ではその戦いに勝つための〝武器〟は何かと言えば、日本語力だ。私たちは日本語で感じ、思考し、学び、語らい、明日に希望を見出そうとしている。日本語こそ現代日本人にとっての刀である、といっても過言ではない。

ならば武蔵を見習い、私たちはもっと日本語の技法を磨くべきではないか。これが、本書の企画の出発点だった。

ついでに言えば、私自身が抱いている危機感も原動力になった。冒頭にも述べた通り、昨今は日本語に不自由している大人が少なくない。それは個人の問題を越え、日本人全体の日本語力の低下現象のようにも思える。

日本語が衰退し、ついには消滅する世界を想像してみていただきたい。それは、日本人が地球上から消滅することを意味する。仮に見た目が日本人らしき人が残っていたとしても、他の言語しか話せないのであれば、その人はもはや日本人ではない。いわば、No Japanese, no Japanese（日本語なくして日本人なし）というのが私の持論である。

もっとも、そんな世界にならないようにする方法も、実は簡単だ。誰もが母国語としての日本語を使う楽しさに気づけばいいのである。日本語は私たちにとって武器であると同時に、幸福感を得るための最強のツールでもあるからだ。

ふだん、私たちが幸福だと感じるのはどういうときか。欲しかったものを手に入れたり、おいしいものを食べたりする瞬間も幸福には違いない。だがそれよりも、人と語らい、気持ちが通じ合った瞬間こそ、最も幸福感に浸れるのではないだろうか。家族はもちろん、友人でも仕事相手でも、上手な人間関係を築くことができる人は、その分だけ幸福感も強いはずである。

その最大のカギを握るのが、日本語力だ。およそ人間関係は、言葉でよくなり、言葉で壊れる。日本語力の足りない人は、本人も気づかないうちに誤解され、いつの間にか嫌われていたりする。一方、日本語力が十分な人は、的確に相手の感情を摑んだり、意思を伝えたりできる。だから人間関係が自然によくなるのである。

とりわけ昨今は、メンタル面で悩みを抱えている人が少なくない。しかし、自分の感情を日本語で把握・整理できれば、心はかなり落ち着く。加えてそれを表現する力さえあれば、周囲の誰かが共感・共鳴してくれるかもしれない。それは、本人の負担を大幅に軽減するはずだ。

心を暗くするのは、概してトラブルそのものより、周囲に理解されない孤独感や行き詰まり感だ。たとえ問題の根は深くても、そこに分かち合える仲間がいればなんとかなるのである。

そのための「日本語の技法」と考えれば、俄然身につけようという気になるだろう。本書を通して幸福感を味わっていただければ、著者として望外の幸福である。

二〇二〇年一月

齋藤　孝

本作品は二〇一三年九月、東洋経済新報社より刊行された
『日本語の技法』を改題し、再編集したものです。

齋藤 孝（さいとう・たかし）
1960年静岡県生まれ。東京大学法学部卒業後、同大大学院教育学研究科博士課程等を経て、明治大学文学部教授。専門は教育学、身体論、コミュニケーション論。ベストセラー作家、文化人として多くのメディアに登場。NHK Eテレ「にほんごであそぼ」総合指導を務める。『身体感覚を取り戻す』（NHK出版）で新潮学芸賞受賞。『声に出して読みたい日本語』（草思社）で毎日出版文化賞特別賞。『国語力が身につく教室』（大和書房）、『読書力』（岩波書店）、『語彙力こそが教養である』（KADOKAWA）、『雑談力が上がる話し方』（ダイヤモンド社）、『大人の語彙力ノート』（SBクリエイティブ）、『こども孫子の兵法』（日本図書センター）など著書多数。著書発行部数は1000万部を超える。

だいわ文庫

読《よ》み上手《じょうず》、書《か》き上手《じょうず》、話《はな》し上手《じょうず》になれる本《ほん》

著者 齋藤《さいとう》 孝《たかし》

二〇二〇年二月一五日第一刷発行

発行者 佐藤 靖
発行所 大和《だいわ》書房
東京都文京区関口一―三三―四 〒一一二―〇〇一四
電話 〇三―三二〇三―四五一一

フォーマットデザイン 鈴木成一デザイン室
本文デザイン ISSHIKI
本文印刷 信毎書籍印刷
カバー印刷 山一印刷
製本 ナショナル製本

ISBN978-4-479-30801-0
乱丁本・落丁本はお取り替えいたします。
http://www.daiwashobo.co.jp